커피의 생태 경제학

커피의
생태 경제학

커피는 어떻게
콜롬비아 국민의 삶이 되었나

조구호 · 추종연 지음

한국외국어대학교 부엔비비르 총서 03

알렙

머리말

　세계적인 어느 작가는 세상에서 가장 다채로운 국가로 콜롬비아를 꼽은 적이 있다. 콜롬비아의 국토는 3분의 1이 안데스 산지, 3분의 1이 동부 평원 지대(Llano Oriental), 나머지 3분의 1이 아마존 및 태평양 연안 정글 지대로 구성되어 있다. 국토가 북위 4-12도에 걸쳐 있어 위도상으로 보면 열대인데, 안데스산맥의 장년기 산지를 보유하고 있기 때문에 동일한 위도에서도 고도에 따라 기후대가 다르고, 식물군과 동물군도 다양하게 분포되어 있다. 그러므로 생물다양성 측면에서 브라질 다음으로 중요한 국가다. 콜롬비아에 자생하는 난초과(蘭草科, 학명: Orchidaceae) 식물만 해도 4,000종이 넘을 정도로 유전자 자원이 무궁무진하다. 콜롬비아의 아마존 정글에는 어떤 자원이 얼마나 존재하는지 아무도 모른다.

　세계인에게 콜롬비아는 커피, 에메랄드, 꽃 등으로 유명하다. 특히 커피는 콜롬비아를 대표하는 특산품이라고 할 수 있다. 현대 사회에서 세계인 대다수는 거의 매일 다양한 종류의 커피를 마시면서 일상사를 영위한다. 커피는 우리 삶의 다양한 층위에서 반드시 필요한 기호품이 되었다. 그래서인지 세상에는 커피에 관한 책이 대단히 많고, 인터넷의 바다에는 커피에 관한 정보가 넘실댄다. 그럼에도 불구하고 필자들이 이 책을 쓴 이유가 있다.

우선은 커피를 통해 콜롬비아를 좀 더 깊고 넓게 이해하고 싶었다. 콜롬비아 사람들에게 커피는 국가의 상징이며 자존심이고 삶 자체다. 콜롬비아 경제를 뒷받침해 온 기둥이기도 하다. 콜롬비아의 커피와 커피 문화를 이해하지 못한다면 콜롬비아를 제대로 안다고 할 수 없다. 자료를 준비하고 정리해서 책으로 완성해 가면서 콜롬비아의 커피에 관한 제반 사항을 배우고 콜롬비아의 역사, 사회, 문화를 포괄적으로 이해할 수 있었다. 독자들도 이 책을 통해 콜롬비아의 진면목을 좀 더 다양하게 포착할 수 있기를 바란다.

두 번째는 콜롬비아의 커피, 커피 산업의 구조, 커피 문화를 독자에게 제대로 알리고 싶었다. 우리나라에서는 커피 수요가 매년 20-30퍼센트나 확대될 정도로 국민들의 커피에 대한 호기심이 왕성해지고 있다. 콜롬비아는 브라질, 베트남에 이어 세계 3위의 커피 생산국이다. 우리나라는 콜롬비아로부터 수입량 기준으로 세 번째, 수입액 기준으로는 두 번째로 많은 커피를 들여온다. 따라서 필자들은 어떤 품종의 커피가 콜롬비아의 어느 지역에서 생산되어, 어떤 가공 과정을 거쳐, 어떤 방법으로 유통되는지, 커피의 재배와 생산부터 소비에 이르기까지 커피에 어떤 스토리가 입혀지는지 등의 질문에 대한 답을 찾고 싶었다. 콜롬비아에서 오랫동안 커피를 관찰하고 탐색하고 음미하는 '행운'을 누린 사람으로서 콜롬비아의 커피를 정확하고 자세하게 알리는 것이 우리의 삶을 풍요롭게 하는 데 일조할 수 있을 것이라는 생각도 들었다.

또한, 콜롬비아 커피, 커피 산업 그리고 유통 구조에 관한 정보를 제공함으로써 커피 수입에 관계하는 우리나라의 업자 및 업체들, 로스터(roaster)들에게 작은 도움이라도 줄 수 있으면 좋겠다는 생각을 했다. 누군가가 콜롬비아 커피나 커피 산업을 관찰하고, 이에 관한 정보를 수집하고 분석한 결과를 기록해 놓으면 다른 사람도 이를 토대로 더 깊이 있는 정보를 파악하고 축적할 수 있을 것이다. 특히 이 책에 실린 자료가 커피에 관심이 많은 우리나라의 젊은이들에게 생산적인 자극제가 되면 좋겠다.

이 책의 내용은 크게 세 가지 축으로 구성되어 있다. 콜롬비아 커피의 다양한 품종과 경작 및 가공 방법 등에 관한 실질적인 정보가 한 축이고, 콜롬비아 커피 산업을 지배하는 제도, 유통 구조, 커피와 관련된 사회문화의 모습이 다른 축이다. 물론, 커피에 관한 일반 상식, 커피의 전래 역사, 커피의 사회문화적·생태 인문학적 의미, 그리고 새로운 소비 트렌드 등에 관한 내용이 또 하나의 축을 형성하고 있다.

커피에 관한 책은 세상에 셀 수 없을 정도로 많다. 하지만 특정 지역에서 생산되는 커피를 집중적·총체적으로 탐구한 서적은 발견하기가 어렵다. 이 책을 쓰는 데는 한국어와 스페인어 등으로 쓰인 각종 책자, 신문, 잡지, 인터넷 자료 등 다양한 정보와 자료를 활용했다. 특히 콜롬비아 커피 생산지를 직접 돌아보면서 커피 생산자들뿐만 아니라 커피 관련 기관의 담당자들과 대화를 통해 얻은 생생한 정보와 직접 찍은 사진 자료 등은 이 책을 쓴 동기이자 이 책의 중심 내용이 되었다.

커피 이야기를 들려준 콜롬비아 커피 농장의 주인들, 콜롬비아 커피생산자협회(FNC) 본부와 지방 지부의 직원들, 지방정부의 관계자들, 커피조합의 관계자들에게 감사를 표한다. 이 책에 실린 사진을 지원해 주고 원고를 검토해 준 주콜롬비아 한국대사관 직원들, 이 책이 출간되기까지 협조해 준 한국외국어대학교 중남미연구소 HK+ 사업단 구성원들, 그리고 부족한 원고를 정성 들여 편집해서 멋진 책으로 만들어준 출판사 직원들께도 감사를 드린다.

2023년 10월

조구호, 추종연

목차

일러두기

• 부엔 비비르(Buen Vivir) 총서는 한국외국어대학교 중남미연구소 인문한국플러스사업단이 발간하는 총서로, 본 연구소는 생태문명총서도 발간하고 있다. "부엔 비비르"는 스페인어로 "좋은 삶", "충만한 삶"을 의미한다.
• 이 책은 『커피 한 잔 할래요?─콜롬비아 커피 이야기』(박영사, 2023)를 학술 서적으로 재구성하고 일부 내용을 추가하여 재집필한 것이다.

1장
역사와 커피, 커피의 역사

1. 카파에서 커피까지, 커피의 유래

현재 세계인의 일상에서 가장 많이 언급되는 단어가 된 '커피'의 어원에 관한 설은 아주 다양하다. 많은 설 가운데 하나는 커피의 원산지인 에티오피아의 카파(Kaffa)라는 지명에서 나왔다는 주장이다. '힘'을 뜻하기도 하는 카파가 터키어의 카베(Kahve)가 되고, 아라비아로 전파되면서 가와(Gahwa) 등으로 불렸다. 12세기 십자군 전쟁 때 유럽에 처음 소개되어 널리 전파되면서는 카페(café, caffe), 커피(coffee) 또는 카페(kaffee)가 되었다. 또 하나의 설은 술(Wine)을 의미하는 아라비아어 '카와(Qahwa)'에서 비롯되었다는 것이다. 술을 마실 수 없었던 이슬람 신자들이 술 대신에 커피를 마시면서 커피를 '이슬람의 와인'으로 불렀다. 카와는 15세기에 예멘에서 확산되었다. 당초 카와는 캇(khat)이라는 식물의 잎으로 만든 차 음료였으나 예멘의 아덴에서 커피로 만든 카와가 시작되었던 것이다. 커피와 캇 모두 에티오피아에서 재배되는 식물이지만 카와라는 음료는 예멘 태생이다.

카와에는 두 종류가 있다. 하나는 커피 체리를 건조하면서 내과피(parchment: endocarp)와 과육(pulp: mesocarp)이 붙어버린 상태의 껍질 부분만을 끓인 것이고, 다른 하나는 말린 커피 체리 전체를 끓인 것이다. 첫 번째 것은 '기실 카와'라고 하는데, 기실은 껍질이라는 뜻이다. 두 번째 것은 '분 카와'로, 분은 커피 열매를 뜻한다. 당시에는 생두(café verde: green bean)만 볶아서 만든 커피는 존재하지 않았다. 이후에 '분 카와'가 생두만 사용하는 현재의 커피로 변모했다. 예멘에는 지금도 기실 카와와 분 카와가 남아 있는데, 분 카와는 생두만 사용하게 되고, 기실 카와는 과육이 포함된 껍질에 카다몬(cardamom), 생강, 계피 등의 향신료와 설탕을 함께 넣어 끓이는 것으로 변했다. 예멘에서는 기실 카와가 커피보다 싸고 수급이 쉬워서 커피보다 많이 소비되어 왔다.

중남미에서도 커피 체리의 과육 부분을 건조한 '카스카라(cáscara)'가 판

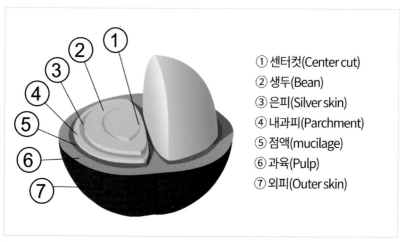

① 센터컷(Center cut)
② 생두(Bean)
③ 은피(Silver skin)
④ 내과피(Parchment)
⑤ 점액(mucilage)
⑥ 과육(Pulp)
⑦ 외피(Outer skin)

[그림 1] 커피 열매의 구조.(출처: 위키피디아)

매된다. 카스카라는 스페인어로 껍질이라는 뜻이다. 특히 커피 재배지에서
는 카스카라 차를 흔히 마시는데, 볼리비아와 엘살바도르가 대표적이다. 카
스카라 차에도 카페인이 포함되어 있으나 커피의 14-28퍼센트 정도이기
때문에 커피와는 사뭇 다른 맛을 풍긴다. 체리 향을 지닌 단맛이라 상쾌하
고, 허브 차나 탕약(tisane)으로 인식되기도 한다. 엄밀하게 말해 커피도 아
니고 차도 아니기 때문에 커피와 차의 중간쯤 되는 음료라고 할 수 있을 것
이다. 그런데 카스카라의 성분 때문에 최근 들어 각광을 받고 있다. 폴리페
놀의 농도가 높고, 황산화 물질, 항염증 성분 등을 함유하고 있어서 인체의
활력과 면역력을 유지하는 데 도움을 준다는 것이다. 현재 카스카라는 워
싱턴, 뉴욕, LA 등 미국의 대도시에서 판매되고, 스타벅스도 카스카라를 사
용한 음료를 판매한다. 자칫하면 버려질 수 있는 카스카라를 이용함으로
써 사람들의 다양한 기호를 충족시킬 수 있고 건강을 증진시킬 수 있다. 더
불어 커피를 경작하고 가공하는 농민과 취약 계층이 소득을 높이는 기회가
될 것이다.

2. 남성적인 로부스타와 여성적인 아라비카

커피나무(학명: Coffea arabica, 코페아 아라비카, Arabian coffee)는 열대식물이어서 추위에 약하기 때문에 북회귀선과 남회귀선 사이의 온화한 기후 지역에서 재배된다. 이 지역을 '커피 벨트' 또는 '커피 존'이라고 부른다. 커피나무가 속한 꼭두서니과 코페아속에는 125개 식물종이 포함되어 있는데, 아라비카(Arábica), 로부스타(Robusta), 리베리카(Liberica) 종을 3대 원종(原種)이라고 부른다. 엑셀사(Excelsa) 종을 포함해 4대 품종으로 분류하기도 한다. 국제커피기구는 커피 품종을 크게 4개 그룹으로 나누어 통계를 낸다. 그 가운데 아라비카와 로부스타가 단연 지배적인데, 세계 커피 생산량에서 차지하는 비중은 아라비카가 60-70퍼센트, 로부스타가 30-40퍼센트다. 아라비카는 다시 콜롬비아 마일드(mild), 기타 지역 마일드, 브라질의 내추럴(natural)로 나뉜다. 내추럴은 커피 체리의 과육을 벗기지 않고 건조하는 방식으로 생산된 것을 의미한다. 이들 아라비카 3개 그룹 가운데 가격은 콜롬비아 마일드

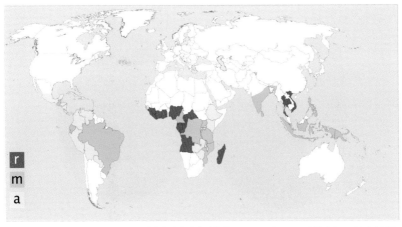

[그림 2] 북위 25도와 남위 25도 사이에 걸친 커피 재배 벨트(r: 로부스터 품종, m: 혼합 재배, a: 아라비카 품종).
(출처: 위키피디아)

가 가장 비싸고, 그 다음으로 기타 지역 마일드와 브라질 내추럴 순이다.

에티오피아의 아비시니아 고원에서 태어난 아라비카 품종(Café Arábica)은 식물학적으로 아라비카와 부르봉(Bourbón)으로 나뉘는데, 아라비카가 지배적이다. 커피나무의 크기는 4–6미터로, 로부스타에 비해 작고, 흰색 꽃에서는 특유의 향기가 난다. 뛰어난 향과 산미로 높은 평가를 받지만 병충해에 취약하고 생산량도 로부스타에 비해 적다. 보통 해발고도 600–1,200미터 이상의 습한 지역에서 재배된다.

로부스타 품종은 중앙아프리카에서 발견된 것으로 아프리카 서해안으로부터 우간다 동쪽 그리고 남수단 지역에 이르기까지 최대 1,000미터의 고도에서 서식한다. 19세기 말 벨기에의 에밀 롤랑 교수가 콩고에서 새로운 커피 품종을 발견해 이를 벨기에로 가져와 이름을 로부스타로 명명했다. 나중에 이 품종이 신품종이 아니라 이미 가봉에서 발견되어 '카네포라(Canephora)'로 명명된 종이라고 밝혀짐으로써 정식 학명은 로부스타가 아니라 카네포라로 정해졌다. 나중에 프랑스인들이 이 품종을 베트남으로 이식했고, 이후에는 브라질로 전해졌다. 로부스타는 그 이름이 의미하는 바

[사진 1] 아라비카 원두(왼쪽)와 로부스타 원두(오른쪽) 모양.(출처: 위키피디아)

[사진 2] 브라질에서 로부스타 커피콩을 기계로 수확하는 모습.

처럼(영어의 Robust, 스페인어의 Robusto는 '원기 왕성하다'는 의미다) 강한 품종이기 때문에 높은 기온 등의 열악한 환경에서도 잘 자란다. 특히 '로야(roya, 학명: Hemileia Vasatrix)'라고 불리는 커피 녹병(CLR) 같은 병충해에 강하다. 낮은 고도의 평지에서도 재배되고 열매가 많이 달려 생산량이 많고, 기계 수확도 가능하다. 지상으로 9미터까지 자라지만 뿌리가 땅속 깊이 들어가지 않는다. 잎은 아라비카보다 크고 매끈하지 않으며, 열매는 아라비카보다 크다.

로부스타 품종은 아라비카 품종에 비해 향이 적으며 쓰고 떫다. 산도가 낮고 뒷맛에 장작 타는 냄새 같은 것이 살짝 섞여 있다는 평가도 있다. 로부스타 커피콩은 아라비카 커피콩보다 카페인의 함유량이 많다. 각각 2.2퍼센트와 1.2퍼센트다. 로부스타 커피 한 잔을 마실 경우 200밀리그램의 카페인을 마시게 된다. 로부스타 커피콩은 밀도가 낮아 로스팅을 하면 빠르게 팽창한다. 원두을 빻아 에스프레소를 추출하면 초기에 수용성 성분이 빠져나오고 후반으로 갈수록 쓴맛을 내는 성분이 많아지기 때문에 '클린 컵(Clean cup: 잡미가 없이 선명하면서도 깔끔한 맛)'이 좋지 않고, 쓴맛이 두드러져서 좋은 평가를 받지 못한다. 로부스타는 우수한 품질의 원두 하나에서만 추출하는 '스트레이트 커피'를 만들기에 적합하지 않기 때문에 주로 인스턴트 커피와 저가 커피의 재료로 사용된다.

리베리카 품종도 로부스타 품종처럼 중앙아프리카 서부 지역이 원산지이기 때문에 두 품종은 조상이 같다고 할 수 있다. 리베리카는 아라비카보다 풍미가 떨어지고 로부스타보다 병충해에 약하기 때문에 아라비카나 로부스타에 비해 선호도가 낮다. 따라서 현재 아시아와 아프리카 일부 지역에서만 재배된다.

아라비카는 생성 연원이 두 품종과는 다르다. 유전자 연구의 결과에 따르면 아라비카 품종은 탄자니아의 서부 고지대에 자생하는 유게니오이데스(Eugenioides) 품종의 커피나무에 로부스타 품종의 화분이 옮겨붙어 생겨난 것으로 밝혀졌다. 보통 커피나무의 염색체는 22개인데 아라비카 품종만 44개다. 유게니오이데스와 로부스타 간에 교배가 이루어지면서 염색체가 배가된 것으로 추측한다. 로부스타를 재배하는 인도네시아에서 로부스타의 풍미를 개선하려고 로부스타와 아라비카의 교배를 시도했으나, 교배종이 열매를 맺지 못해 실패했다. 염색체 수가 각각 22개와 44개인 품종을 교배해 얻은 신품종의 염색체가 홀수인 33개여서 정확한 감수분열이 이루어지지 않은 것이다.

그러나 허니 프로세스(Honey process: 가공 과정에서 생두의 내과피에 붙은 점액질의 점도가 꿀과 유사해지기 때문에 붙여진 이름이다) 등 커피의 가공 방식과 기계가 발전함에 따라 좋은 품질의 로부스타 원두가 생산되기도 한다. 커피 체리에서 과육을 벗겨낸 후에 점액질이 부착된 상태에서 건조시키면 커피의 단맛과 바디감이 좋아진다.

우간다에서는 로부스타가 1년 내내 생산되고 아라비카보다 생산성이 2배나 높은데, 베트남이나 인도에서 생산되는 로부스타보다 향미와 단맛이 좋다. 생두에는 폴리페놀의 일종인 카페인(caffeine)과 다이어트에 효과적이라는 클로로겐산(Chlorogenic acid) 등을 포함한 다양한 생리 활성 물질이 들어 있다. 클로로겐산의 함량이 아라비카의 2배에 이른다. 단백질과 지방도 풍부하다. '신대륙'의 레드 와인 맛으로 비교하자면 로부스타는 탄닌 성분이 풍부한 말벡(Malbec) 같고, 아라비카는 풍미가 미묘하고 복잡한 카베르네 프랑(Cabernet Franc) 같다. 로부스타가 무뚝뚝한 남성이라면 아라비카는 섬세한 여성이다.

3. 전쟁을 통해 확산된 커피

커피와 전쟁은 서로 어울리지 않는 것처럼 보이지만 커피는 전쟁과 인연이 깊다. 커피가 졸음을 쫓아내는 각성 효과와 더불어 에너지를 보충해 주는 효능이 있기 때문에 전투를 하는 군인들에게는 필수품이었다. 커피의 향과 온기가 피로를 경감하고 스트레스를 완화해 주었다. 수많은 나라가 커피를 군수품으로 징발해 병사들에게 우선적으로 지급했다. 전투 중인 군인들에게 대량으로 커피를 공급해야 하기 때문에 전쟁이 발발하면 민간에서는 커피 품귀 현상이 발생한다. 커피의 고향인 에티오피아에서는 5,000년 전부터 오로모(Oromo) 인들이 전투를 하러 떠날 때 커피를 휴대했다는 기록이 있다. 그 커피는 지금 것과는 완연히 달랐다. 커피 열매를 볶아 가루로 만든 뒤 동물 기름을 섞어 둥근 반죽으로 만들었다. 카페인 성분이 포함되어 있었으니 병사들이 에너지가 충만한 상태로 전투에 임했을 것이고, 동물성 기름도 높은 칼로리 식품인 만큼 고된 전투에 도움이 되었을 것이다.

커피는 전쟁을 통해 여러 지역으로 전파되었는데, 이 같은 사실은 역사에서 흔히 발견된다. 1683년에 오스만 제국(터키)이 유럽을 침략했다. 그들은 빈(Wien: Vienna) 외곽을 둘러싸고 장기전을 펼쳤다. 2개월 동안 포위된 오스트리아 군대는 주변의 동맹국들에게 지원을 요청해야 했다. 터키에서 거주한 적이 있던 콜시츠키(Kolschitzky)에게 터키 군복을 입혀 전령으로 보냈다. 폴란드-우크라이나 국경 마을에서 태어난 콜시츠키는 루마니아어, 터키어, 헝가리어를 배웠고, 비엔나 동방무역회사와 이스탄불 대사관에서 터키어 통역사로 일한 적이 있었다. 콜시츠키가 임무를 성공적으로 수행한 결과 오스트리아 군대는 폴란드 등 동맹군의 지원을 통해 칼헨부르크 언덕에서 터키군을 물리쳤다. 터키군은 달아나기에 바쁜 나머지 가축과 곡물을 두고 떠났다. 오스트리아 군대가 획득한 전리품에는 커피 500포대도 포함되어 있었는데, 병사들은 커피가 무엇인지 몰랐기 때문에 불에 태워버리려고 했다. 터키인들이 마시던 커피에 관해 잘 알고 있던 콜시츠키는 커피를 달라고 했다. 그는 커피를 받아 빈 중심가에 중부 유럽 최초의 커피 하우스 '파란 병 아랫집(Hof zur Blauen Flasche)'을 열어 커피 문화를 전파했다. '파란 병 아랫집'은 319년이 지난 뒤에 미국에서 새로운 모습으로 탄생한다. 교향악단의 클라리넷 연주자였던 제임스 프리먼이 2002년에 미국의 오클랜드에서 커피 회사를 설립하면서 이름을 '블루 보틀(Blue Bottle)'로 정한 것이다. 콜시츠키의 영웅적인 행위에 경의를 표하기 위해서였다. 커피의 역사적·문화적 의미를 부각시킨 기발한 전략이라 할 수 있다. 현재 블루 보틀은 스페셜티 커피로 유명해져 '커피 업계의 애플'이라 불린다.

어찌 되었든, 오스만 제국은 팽창 정책을 통해 유럽 동남부, 서아시아, 북아프리카 등 3개 대륙을 점령하고, 커피를 무슬림 세계에 전파했다. 나폴레옹도 1804년에 황제가 된 후 기독교 국가로는 처음으로 커피를 군대 보급품으로 지급했다.

미국의 남북전쟁(1861-1865) 당시 북군은 남부 지역의 항구를 봉쇄해 남부군에 커피가 배급되는 것을 막았다. 전쟁이 발발하기 전에는 커피 가격이 하락해 브라질의 커피 생산자들이 열악한 상황에 처해 있었다. 전쟁이 발발하자 1파운드당 가격이 14센트로 상승하고, 이듬해는 32센트로 올라갔으며, 결국 42센트로 최고가격에 도달했다. 전쟁이 종료되면서 커피 가격은 다시 18센트로 하락했다. 최대 구매자는 북부군으로, 1864년에 군대가 구매한 생두의 양이 4천만 파운드에 달했다. 북부군 병사들에게는 매일 0.1파운드의 생두가 배급되었는데, 이를 연간으로 환산하면 무려 36파운드(약 16킬로그램)에 해당하는 양이었다.

전쟁은 무기와 더불어 커피의 붐도 가져왔다. 북부군 병사들은 한밤중에 행군을 시작하기 전이나 불침번을 서러 가기 전에, 행군이나 불침번을 마치고 막사로 들어와서 늘 커피를 마셨다. 커피가 남북전쟁의 승패를 갈랐다는 견해도 있다. 북부군 병사들이 커피를 마셔서 각성 상태가 최고조에 이르렀을 때 공격을 개시했다는 것이다. 커피 가루는 금방 산패되기 때문에 병사들은 생두를 가지고 다니면서 필요할 때마다 갈아서 사용했다. 군대의 취사병은 늘 그라인더를 휴대하고 전장을 이동했다. 남북전쟁은 병사들이 평생 커피 맛을 잊지 못하게 만들었다. 전쟁이 일반 시민에게도 커피 수요를 확대하는 계기가 되었던 것이다.

1914년에 제1차 세계대전이 발발하자 커피의 수출입이 정지되었다. 당시 생두를 들여오던 유럽의 항구에 커피를 실어나르던 선박이 드나들 수 없게 되었기 때문이다. 커피를 달라는 병사들의 요구가 빗발쳤다. 특히 전쟁 전에 양질의 커피를 마시던 독일에서 커피의 부족이 심했다. 영국이 북해의 제해권을 잡았기 때문이다. 커피의 수출길이 막히자 중미 지역 커피 생산국의 손해가 심했는데, 돌파구는 미국이 열었다. 당시만 해도 미국은 가격이 싼 브라질 커피를 주로 수입했으나 중미산 고급 커피의 가격이 하락하자 브라질산 커피를 중미산 커피로 대체했다. 한편, 1917년에 연합국 측에 참여해 유럽에 파견된 미군의 보급품으로 인스턴트 커피가 제공되었

[사진 3] 미국 남북전쟁 중에 커피를 마시는 병사들.(출처: 링컨 파이낸셜 재단)

다. 전쟁이 끝날 때까지 인스턴트 커피 산업은 번창을 거듭했다.

　히틀러는 1938년에 전쟁을 준비하면서 커피 수입을 제한하고 커피 광고도 중지시켰다. 이듬해에 독일의 커피 수입량이 40퍼센트나 감소하자 히틀러의 나치당은 전국에 남아 있던 커피를 군수품으로 징발했다. 1939년 9월에 독일군이 폴란드를 침공함으로써 제2차 세계대전이 발발했다. 미국이 전쟁에 참여하면서 미군은 매월 14만 포대의 커피를 징발했다. 병사 1인당 연간 15킬로그램에 해당하는 양이었다. 중남미에서 생산되는 커피 원두는 양적인 면에서 미국에 공급하는 데 아무런 문제가 없었으나 선박들이 전쟁에 동원되면서 운송 수단이 부족해졌다. 독일의 잠수함이 대서양에 출몰함으로써 커피를 적재한 브라질의 선박이 미국으로 항해하는 것 또한 어려워졌다. 미국으로서는 참으로 난감한 일이었다.

커피가 군수품으로 보급되자 민간인에게 배급제가 시행되었다. 프랭클린 루스벨트 대통령까지 나서서 일반 국민에게 커피를 한 번 더 우려 마시라고 권고했다. 군에서는 비상용 야외전투식량으로 알루미늄 포일에 포장된 인스턴트 커피를 제공했다. 1944년경에는 네슬레, 조지 워싱턴 사, 맥스웰 하우스 등이 생산하는 인스턴트 커피가 군대에 징발되었다. 미국은 제2차 세계대전 기간에 40억 달러 이상의 생두를 수입했다. 전쟁이 종료된 후 미국인의 1인당 연간 커피 소비량은 9킬로그램까지 늘어났다. 1900년대에 비해 2배가 넘는 소비량이다.

4. 비슷하면서 다른, 커피와 와인

"진한 향기는 와인보다 달콤하고 부드러운 맛은 키스보다 황홀하며, 악마처럼 검고, 천사같이 순수하며, 사랑처럼 달콤하다." 18세기 전반기에 프랑스의 외교장관을 지낸 탈레랑(Charles Maurice de Talleyrand-Périgord)이 한 말이다. 터키에서는 커피가 지옥처럼 검고, 죽음처럼 강렬하며, 사랑처럼 달콤해야 한다고 했다. 헝가리에도 좋은 커피는 악마처럼 검어야 하고, 지옥처럼 뜨거워야 하며, 키스처럼 달콤해야 한다는 말이 있다. 비유가 조금 과장되게 보이지만 커피에 대한 최대의 찬사라고 할 수 있다.

그런데 커피에 관한 글에는 커피를 와인과 비교하는 부분이 제법 많다. 반대로 와인에 관한 글에서 와인을 커피와 비교하는 경우는 거의 없는 것 같다. 커피와 와인은 인간의 삶을 우아하게 업그레이드하면서 잔잔하고 소소한 기쁨을 주는 기호품이다. 사람 사이를 원활하게 엮어주는 윤활유이며 소통의 도구이기도 하다. 둘 사이에는 유사한 점도 많고 다른 점도 많다.

세계 어디에서든 사람들이 커피를 마시기 시작했다 하면 소비량이 좀 처럼 줄어들지 않는다. 와인만큼이나 다양한 향미를 지닌 커피의 유혹에서 벗어나기가 쉽지 않기 때문이다. 커피를 마시는 시간과 장소가 와인보다 훨씬 덜 제한적이기 때문일 수도 있다. 와인 애호가와 커피 애호가는 공통 점이 많다. 그들은 여러 종류의 커피나 와인을 비교하면서 선호하는 맛을 고르고, 자연이 만들어내는 향미로부터 소소한 행복을 찾는다. 다양한 풍미 를 만들어내는 커피나무나 포도나무의 재배 환경이나 품종에 호기심을 가 지며 탁월한 풍미를 제조해 내는 장인들을 존경하며 칭송한다. 가급적이면 건강에 좋은 상품(上品)을 찾고, 품질에 합당한 값을 기꺼이 치른다.

커피와 와인의 다른 점에 초점을 맞추어 보자. 커피나무가 잘 자라는 곳 에서는 포도나무가 잘 자라지 못하는데, 그 이유는 무엇일까?

첫째는 재배지의 기후다. 기본적으로 커피나무는 습한 지역에서 자라는 반면에 포도나무는 건조한 지역에서 자란다. 예를 들어 아르헨티나의 멘도 사, 산후안, 네우켄, 리오하, 리오네그로 등 안데스 산지에는 포도밭과 와이 너리가 아주 많다. 태평양에서 불어오는 습기 머금은 바람이 높은 안데스 산맥에 부딪혀 비를 쏟아버리고 건조한 공기가 산맥을 넘어오기 때문에 아 르헨티나 지역의 안데스 산지는 늘 건조하다. 물이 귀해 듬성듬성 발견되 는 나무마저 초록색이 썩 진하지 않다. 사막처럼 황량한 느낌이 든다. 아르 헨티나의 포도밭에 비해 중미 지역이나 콜롬비아의 커피 경작지는 기온이 높고 습하다. 재배지가 남북회선 사이에 위치해 있고, 그 중간 부분으로 적 도선이 지나기 때문이다. 아라비카 품종이 재배되는 산지는 보통의 열대지 방처럼 덥지가 않다. 산지의 영향으로 기후가 일정하지 않고 수시로 변하 는데, 이를 소기후(microclima)라고 한다.

두 번째는 일조량이다. 일조량이 많아야 포도에 당분이 많이 축적되고 좋은 품질의 와인이 생산된다. 일교차가 커야 포도가 실하게 영글고 당분도 많아진다. 안데스 산지에서는 낮에 기온이 섭씨 40도까지 올라가다가 밤에는 급격히 내려간다. 영하로 떨어지는 때도 있다. 커피나무도 햇볕을 필요로 하나 포도나무와 달리 일조량이 너무 많으면 좋지 않다. 포도 재배지에서처럼 온도가 너무 떨어져도 안 된다. 품종에 따라 차이가 있지만 커피나무는 오히려 적절한 그늘이 필요하다. 그래서 커피나무 사이에 그늘나무(shade tree)를 심어 주기도 한다. 특히 묘목이나 수령이 낮은 커피나무일 경우에는 그늘이 꼭 필요하다.

나무 그늘은 경작지 표면의 유기물질과 수분을 잘 유지시켜 주고 부식토에서 유기영양물질이 생성되도록 도와준다. 경사지에서 토양이 씻겨 내려가는 것도 막는다. 강렬한 햇볕은 커피나무 잎을 마르게 하고, 성장을 과도하게 촉진해 나무의 수명을 단축시키며, 커피 열매의 맛을 훼손시킬 수

[사진 4] 커피밭의 그늘 나무.(출처: 저자 촬영)

있다. 그늘 나무로는 보통 구아모(Guamo, 학명: Inga edulis, 일명 '아이스크림 콩')나 바나나나무를 심는다. 바나나나무는 그늘과 더불어 열매도 제공하므로 일석이조다.

커피의 그늘 재배는 새를 불러 모은다. 한마디로 말해, '버드 프렌들리(bird friendly)' 경작이다. 한때 그늘 재배가 필수적이지 않다는 견해가 대두되었다. 그늘 재배가 필요한 부르봉이나 티피카(Típica) 품종 대신에 카투라(Caturra), 카투아이(Catuaí), 카티모르(Catimor) 같은 품종을 재배하게 되면 햇볕에 노출되어도 된다는 것이었다. 1990년 무렵에 콜롬비아와 코스타리카에서는 많은 커피 농가가 커피나무를 빽빽하게 심고 햇볕에 노출시켰는데, 그 시도는 기대와 달리 실패했다.

셋째는 토양이다. 커피나무나 포도나무에는 모두 배수가 중요하다. 포도나무는 모래가 섞이고 배수가 잘되는 토양에서 잘 자라는 반면에 커피나무는 부식질이 많으면서도 푸석푸석한 토양에서 잘 자란다. 커피나무는 지표층으로 뿌리가 퍼져 양분과 물을 흡수하기 때문에 부식질이 두꺼운 토양이 좋다. 커피나무를 지탱해 주는 중심뿌리는 땅속으로 50센티미터 깊이까지 뻗어내리지만 곁뿌리나 미세뿌리의 90퍼센트 정도는 30센티미터 이내에 묻혀 있다. 포도나무 뿌리는 커피나무보다 더 깊이 내려간다. 중심뿌리는 1미터까지 내려가고, 뿌리의 60퍼센트 정도는 60센티미터 이내에 있다.

넷째, 커피나무는 중간 높이의 상록관목(灌木)이기 때문에 사시사철 푸른 나뭇잎을 유지하는 반면에 포도나무는 활엽덩굴성 나무이기 때문에 가을이 되면 잎을 떨군다.

다섯째, 커피에 카페인이 있다면 와인에는 탄닌이 있다. 두 성분 모두 필수적인 화학물질이다. 탄닌은 와인의 바디감을 형성하는 핵심 물질이다. 따라서 포도 열매에 탄닌 성분이 부족할 경우 케브라초(Quebracho, 학명: Schinopsis) 나무나 아카시아 나무 등에서 추출한 자연 탄닌을 와인에 희석하

[사진 5] 아르헨티나 산후안 주 포도밭 전경.(출처: 저자 촬영)

기도 한다. 와인을 발효시키는 오크통에서도 탄닌이 빠져나온다. 커피의 카페인 성분은 각성 효과가 있어 우리 몸을 깨우는 효과가 있지만 중독성이 있어서 과다하게 섭취하면 건강을 해친다. 과유불급(過猶不及)이다.

흔히 중남미 부자들의 고급 취미이며 자주 대화의 주제가 되는 것은 좋은 품종의 종마를 구입해 기르는 것과 좋은 지역에 와이너리를 소유하는 것이다. 아르헨티나의 멘도사 지방에서는 늘 미국의 유명 배우나 스포츠 선수가 와이너리를 구입했다는 얘기가 나돈다. 미국에 거주하는 부자 한국 교포가 와이너리를 구입했다는 얘기도 들린다. 아르헨티나의 와이너리들은 전망이 대단히 좋은 곳에 위치하고, 근사한 건물들을 보유하고 있다. 그곳에는 고급 음식을 제공하는 식당이 딸려 있다. 와이너리의 주인은 넓은 포도밭에서 재배한 포도를 직접 수확해 와인을 제조한다. 제조 공정이 한곳에서 이루어진다.

반면에 부자들이 커피 농장을 갖는 것이 로망이라는 얘기는 들어본 적이 없다. 식민지 시대에는 지주들이 수백 헥타르 규모의 커피 농장을 운영했지만 지금은 상황이 다르다. 콜롬비아에서 생산되는 대부분의 커피는 1-4헥타르 규모의 영세한 농장에서 재배되고 가난한 임금노동자들에 의해 수확된다. 커피 농장에서 생산된 커피 열매는 여러 단계의 가공 및 유통 과정을 거쳐 소비자에게 제공되는데, 도시의 카페에서 팔리는 커피 음료 가격의 1퍼센트 미만이 생산자에게 돌아간다. 와인이나 커피 모두 우리의 삶에 활력을 주고 소통의 매개체가 되는 음료이지만 좀 더 깊게 들여다보면 두 물품은 소비자만 동일하지 생산자나 중간 가공 및 유통 과정은 너무 다르다. 아르헨티나에서 와이너리는 부의 상징이지만 콜롬비아에서 커피 농장은 가난한 농민들의 생존 수단이다.

5. 커피와 카페인

「창세기」 2장 9절에는 "동산 한가운데에는 생명나무와 선과 악을 알게 하는 나무를 자라게 하셨다"는 표현이 있고, 2장 17절에는 "선과 악을 알게 하는 나무의 열매는 먹지 말라. 네가 그 열매를 따 먹는 날 너는 반드시 죽을 것"이라고 쓰여 있다. 3장 5절에는 뱀이 이브를 유혹하는 말이 나오는데, "너희가 그것을 먹는 날에는 너희 눈이 밝아져 하느님처럼 되어서 선과 악을 알게 될" 것이라는 말이 등장한다.

흔히 "선악과는 사과"라고들 아는데, 『성경』의 「창세기」에는 사과라는 표현이 없다. 선악과가 사과라고 말한 사람은 영국의 시인 존 밀턴이다. 그는 1667년 장편 서사시 『실낙원』에서 이브가 먹은 과일이 사과라고 표현했다. 구약성경이 쓰인 지 3,000년이나 지난 시점이었다. 호모사피엔스는 20만 년 전에 지금의 에티오피아 지역에 살았고, 커피나무는 인류가 지구

[사진 6] 원주민 주술사가 사용하는 덩굴식물인 아마존의 야헤 나무.

상에 나타나기 이전에 이미 존재했으며, 에덴동산이 지금의 에티오피아 지역이라고 추정된다. 아울러 에티오피아에서 커피나무가 자라고 있었고, 커피는 카페인으로 인한 각성 효과를 갖고 있다. 이 같은 사실에 비추어 볼 때 선악과가 혹시 커피가 아닐까 하는 생각이 들 만하다.

역사를 돌아보면 커피는 문화에 따라 다양한 목적으로 사용되었는데, 커피에 대한 인식에 차이가 있었다. 커피의 고향이라고 할 수 있는 에티오피아에서는 커피나무 잎과 커피콩을 음료와 약으로도 사용했다. 말린 커피 체리 과육을 동물성 기름에 볶아 먹기도 했다. 새로운 곳으로 이주할 때는 몸에 문질러 정화하는 의식에도 커피가 사용되었다. 콜롬비아의 아마존 정글에서 원주민 주술사들이 코카 잎이나 야헤(yagé)를 사용해 악귀를 쫓아내고 병을 고치는 정화 의식과 다를 바 없다. 카페인이나 코카인 같은 향정신성 알칼로이드를 함유한 식물은 대부분 열대 지방에서 자란다. 에티오피아의 어느 부족은 아이가 태어났을 때 커피를 입에 머금고 사방의 벽에 뿌렸다. 아이를 출산했을 때 대문에 새끼줄을 치고 고추와 숯을 매다는 우리나라 전통 풍습과 유사하다. 청혼할 때 선물로도 사용되었다고 한다. 카페인의 각성 작용과 피로를 덜어주는 효능 때문이었을 것이다.

무슬림들은 밤새 코란을 외우기 위해 커피를 마시기 때문에 그들에게 커피는 신의 음료로 여겨졌다. 이슬람의 창시자 마호메트가 커피 애호가였다고 하니 그럴 만도 하다. 반면에 유럽 사람들은 커피를 건강 식품으로 생각했다. 교황 클레멘스 8세는 커피에 세례를 주어 기독교 세계에서 커피 음용을 인정했다. 터키에는 "커피 한 잔의 추억은 40년 동안 잊히지 않는다"는 속담이 있다. 소통의 도구로서의 커피를 강조한 것이다.

이슬람 세계에서 커피 음용을 반대하고 비판하는 움직임이 있었다. 정통파 학자들이 카페(커피 하우스)와 커피 음용을 비판하자 위정자들은 비판 세력의 의견을 수용해 카페 폐쇄령과 커피 금지령을 발하기도 했다. 전통을 중시하는 수니파 학자들은 커피를 "관행으로부터의 일탈"로 규정했다. 이슬람에서는 코란과 예언자 무하마드의 언행록에 근거해 사물의 옳고 그름을 판단하는 것이 기본인데 커피나 카페는 그 기본에서 벗어난다는 것이었다. 따지고 들어가면 그런 소동은 커피에 함유된 카페인에서 비롯된 것이다. 이스탄불에서는 금지령을 2회 위반할 경우 위반자를 마대(麻袋)에 넣어 바다에 버리기까지 했다. 이 같은 금지령은 종교적 관점에서 취해진 조치이기도 하지만 카페가 불순분자들의 온상이라는 시각을 가진 위정자들의 정치적인 규제 조치이기도 했다.

유럽에서도 여러 사람이 모이는 커피 하우스가 만들어졌다. 17세기에는 영국, 프랑스, 이탈리아, 독일 등 유럽의 대도시에 우후죽순 들어섰다. 1700년 무렵 런던에는 커피 하우스가 2,000개를 넘어섰다. 커피 하우스에서는 지적인 대화가 오갔다. 커피가 전파되는 곳마다 혁명의 씨앗이 잉태되었기 때문에 커피는 가장 급신적인 음료였으며 독재자들에게는 가장 위협적인 존재였다.

어떻게 보면 카페인은 지구상에서 가장 많이 섭취되는 일종의 마약이다. 마약처럼 사람의 신경계에 영향을 미치는 물질이기 때문이다. 그럼에도 커피가 환각과 중독을 유발하는 향정신성 약품으로 분류되지 않는 이유는 카페인이 사람 몸에 흡수된 지 3-4시간 정도 지나면 자연스럽게 효과가 절반가량 사라지기 때문이다. 게다가 카페인은 중독이나 금단 현상도 발생시키지 않는다. 적절한 양만 섭취한다면 우리 몸에 이롭다. 커피는 사람을 진지하고 철학적으로 만들어 주기도 하고, 뇌를 흥분시켜 약간 수다스럽게 만들기도 하며, 종종 좋은 아이디어와 영감이 떠오르게 하기도 한다.

알칼로이드의 일종인 카페인은 질소 원자를 가진 고리 모양의 유기화합물로, 다양한 열대식물에서 만들어진다. 열대식물은 스스로를 보호하기 위해, 즉 잠재적 포식자에게 먹히지 않기 위해 자구책으로 카페인을 생산한다. 그래서 카페인을 천연 살충제라고도 한다. 카페인은 사람의 몸에서 혈

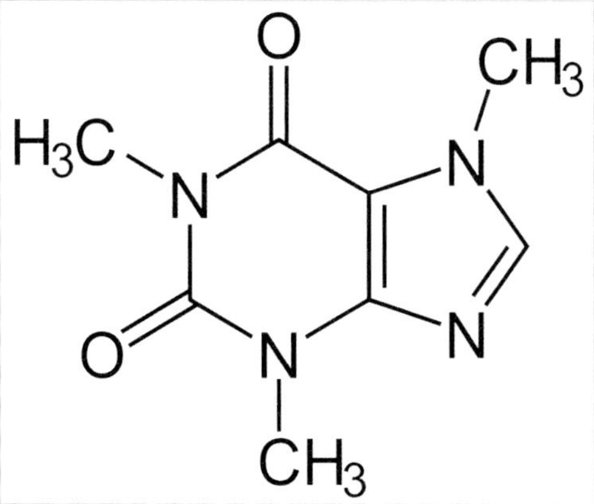

[그림 3] 카페인의 분자 구조.

류를 타고 흐르며 위장관 같은 생체막을 통과한다. 사람의 간은 카페인을 독으로 간주해서 분해한다. 그러나 카페인의 일부는 그대로 간을 통과해서 뇌에 다다른다. 카페인은 수면을 촉진하는 아데노신의 작용을 방해한다. 사람의 정신이 쉬어야 함에도 쉬게 하는 작용을 막는 것이다. 10그램의 카페인을 한꺼번에 마시면 사람이 죽는다. 물론 치사량만큼 섭취하려면 100잔의 커피를 한꺼번에 마셔야 한다.

웹사이트 〈코페니스(Cofeeness)〉를 운영하는 독일의 바리스타 아르네 프레우스는 가정에서 열다섯 가지 방법으로 만든 커피의 카페인 함량을 측정했다. 100밀리그램의 커피 양을 기준으로 환산할 경우, 농축 에스프레소 커피인 리스트레토(ristretto)에서는 421밀리그램, 에스프레소에서는 273밀리그램, 드립커피에서는 68밀리그램, 자동 커피머신에서 뽑은 커피에서는 58밀리그램의 카페인이 추출되었다. 리스트레토의 경우에는 사용된 커피 원두에 포함된 카페인 함량의 31퍼센트가 추출되고, 다른 방법으로 추출한 커피의 경우에는 10퍼센트 이하가 추출되었다. 커피를 추출하는 시간과 커피 입자가 물과 접촉한 면이 클수록 카페인이 많이 빠져나온다.

묽은 아메리카노라고 해서 반드시 카페인 성분이 적게 포함된 것은 아니다. 커피의 양이 많기 때문이다. 에스프레소는 고온고압으로 20초 정도의 짧은 시간에 커피를 추출하기 때문에 카페인의 양이 그리 많지 않다. 카페인의 함량은 어떤 커피 원두를 선택하느냐뿐만 아니라 어떻게 커피를 제조하느냐에 따라 달라진다.

커피가 남성의 정력을 떨어뜨린다는 이야기가 회자된 적이 있으나 2016년에 미국 텍사스의 건강과학센터는 이런 주장이 사실이 아니라는 것을 밝혔다. 하루에 85-170밀리그램의 카페인을 섭취하는 사람의 경우, 그렇지 않은 사람보다 발기불능이 42퍼센트나 적다고 발표했다. 하루에 커피를 2-3잔 마실 경우 오히려 발기불능을 겪지 않는다는 것이다.

식물은 오랜 진화 과정을 통해 다양한 방어 시스템을 구축했다. 소나무는 피톤치드를 뿜어 벌레를 예방하고 다른 경쟁 식물을 물리친다. 일부 과일나무는 잎과 열매의 표면을 매끄럽게 함으로써 수막의 형성을 막아서 곰팡이나 세균이 증식하지 못하게 한다. 커피 열매에 포함된 카페인도 살충·살균 효과를 가지고 있다. 커피 열매의 카페인은 생존을 위해 만들어진 것이다. 창조주의 설계다. 하지만 브로카(broca)라는 해충은 커피 열매를 나선형으로 파고들어 고사시키는데, 여기에도 균형이라는 섭리를 만든 창조주의 뜻이 들어 있을 것이다. 반면에 커피 열매는 조류나 포유류에게는 거의 무해하다. 실제로 커피나무가 자생하는 지역에서는 원숭이, 새, 사향고양이 등이 커피 열매를 먹고 산다. 아마도 과거 인류의 조상들도 커피 열매를 먹었을 것이다.

커피에 포함된 카페인은 과다복용하면 몸에 해롭다. 따라서 디카페인 커피가 상품화되었다. 그렇지만 카페인이 없는 커피는 짠맛을 잃어버린 소금 같다고 할 수 있다. 인류는 수천 년 동안 커피의 카페인을 즐겨오고 있다. 커피와 카페인은 서로 떼려야 뗄 수 없는 애증의 관계다.

6. 평가사 카타도르

커피 생두의 질과 등급을 평가하는 전문가를 스페인어로 카타도르(catador)라고 한다. 영어로는 큐 그레이더(quality grader)라고 부른다. 사전(辭典)적으로 카타도르는 사람에게 제공되는 음식이나 음료수를 시음해 안전 여부를 확인하는 전문가다. 한마디로 말해 검식가(檢食家)다.

카타도르는 바리스타(barista)와는 다른 개념이다. 바리스타는 카타도르와 달리 커피 산업 전반에 대한 전문 지식을 필요로 하지 않는다. 바리스타는

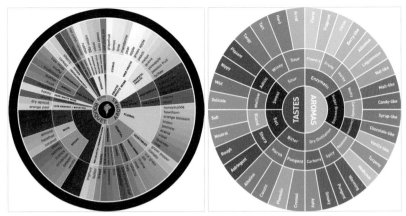

[그림 4] 카타도르가 사용하는 커피 플레이버 휠.(출처: 위키피디아)

원두를 선택해 다양한 입자로 분쇄해서 30초 이내에 커피의 정수를 뽑아내고, 적정한 질감과 온도의 스팀 우유를 만들어 정확한 손놀림으로 라테 아트(latte art)를 만들어낸다. 바리스타는 일종의 예술가이고 그가 만들어내는 다양한 커피는 예술작품이 된다.

카타도르는 커핑(cupping, 스페인어: taza)을 통해 커피의 향미를 구별하고 표현한다. 완벽한 커핑을 위해서는 다양한 향미를 무수히 반복해 가며 경험해야 한다. 입과 코로 미각과 후각을 훈련해야 한다. 이 훈련을 위해서는 보통 아로마 키트(aroma kit)를 활용한다. 카타도르가 향미를 구별하는 것도 필수지만 이를 정확하게 전달하는 것도 중요하다. 이를 위해 스페셜티커피협회(SCA)는 '플레이버 휠(flavour wheel)'을 만들었다. 전문가들은 보통 원 또는 톱니바퀴처럼 생긴 플레이버 휠에 나타난 향미의 언어를 사용해 자신들이 평가한 커피를 표현한다. 일종의 커핑 공용어다. 처음에는 미국 스페셜티커피협회(SCAA)가 만든 플레이버 휠이 사용되었으나 2016년에 스페셜티커피협회가 이를 보완했고, 그 표가 현재 널리 사용된다.

카타도르는 커핑 결과를 평가표에 수록하는데, 평가표의 양식이 다양하다. 보통의 경우는 스페셜티커피협회가 정한 평가표를 사용한다. 콜롬비아 커피조합에 고용된 카타도르도 스페셜티커피협회의 평가표를 사용한다. 평가표에 수록된 10개의 기준은 프래그런스/아로마(fragrance/aroma), 클린 컵(clean cup), 스위트니스(sweetness), 에시디티(acidity), 바디(body), 플레이버(flavour), 애프터테이스트(aftertaste), 밸런스(balance), 유니포미티(uniformity) 및 오버롤(overall)로, 각 항목별 만점은 10점이다. 이론적으로는 항목별로 0점에서 10점까지 줄 수 있지만 이 평가표는 흔히 고품질 커피라고 인식되는 스페셜티 커피를 평가하는 만큼, 카타도르들이 5점 이하의 점수는 주지 않는다.

프래그런스/아로마는 커피의 향이다. 클린 컵은 커피에 다른 맛이 섞여 있는지를 평가하는 요소다. 스위트니스는 단맛을 평가하는 요소다. 에시디티는 산미를 평가하는 항목으로 산미가 강하게 나는 것보다 단맛이 함께 어우러진 것을 높이 평가한다. 바디는 입안에서 느껴지는 촉감을 평가하는 항목이다. 플레이버 항목에서는 커피의 복합적인 향미를 평가한다. 애프터테이스트는 커피를 목으로 넘긴 후 입안에 남는 향미의 여운을 평가하는 항목이다. 밸런스 항목에서는 향미의 각 요소가 조화를 이루는지를 평가한다. 유니포미티는 커핑을 위해 준비한 모든 컵에서 향미가 동일한지 평가하는 항목이다. 마지막으로 오버롤 항목에서는 카타도르의 주관적인 점수를 기록한다.

『매혹과 잔혹의 커피사』를 쓴 마크 펜더그라스트(Mark Pendergrast)는 커피 평가의 4대 요소로 커피 전문가들이 아로마, 바디, 산도 및 풍미를 꼽는다고 했다. 그는 이 평가 요소를 조금 더 실감 나게 표현했다. 아로마는 맛이 전해 주는 것 이상의 기쁨을 주는 향기이며, 바디는 입안에 커피를 머금었을 때의 질감 혹은 무게감인데, 다르게 말하자면 커피가 혀 위를 구르는 느낌과 목으로 넘어갈 때의 목이 느끼는 충만감이다. 산도는 생기와 따뜻함을 주는 요소로서 기분 좋은 자극을 더하는 짜릿한 맛이다. 풍미는 입안에서 순간적으로 확 퍼졌다가 미각의 기억으로 남게 되는 미묘한 맛이다. 전문가의 오랜 경험과 치열한 탐구에서 비롯된 감각을 예리하고 섬세하게 표현한 것인데, 누구든 여러 종류의 커피를 자주 음미하면 이 같은 풍미를 충분히 느낄 수 있을 것이다.

콜롬비아에서 일부 커피 경작자들은 페르가미노(pergamino, 영어로는 parchment) 커피의 판매를 선호한다. 페르가미노는 커피 열매에서 외피(outer skin)과 과육(pulp)을 제거한 것이다. 커피 경작자로부터 페르가미노 커피를 구매하고 생두로 가공해 판매하는 커피조합에는 반드시 카타도르가 필요하다. 그들이 정하는 등급에 따라 판매 또는 구매 가격이 달라지기 때문이다. 생두를 수출하거나 수입하는 기업에도 카타도르가 필요하다. 커피는 생산지, 수확 시기, 생산 연도, 가공 방법, 보관 환경 등 변수에 따라 맛이 천차만별이다. 공정하고 합리적인 거래를 위해서는 커피의 품질에 대한 평가가 반드시 필요하며, 그 평가의 중심에 카타도르가 있다. 커피 수입업자들이 직접 카타도르 자격을 취득하는 경우도 있고, 카타도르를 고용해 생산지에서 커피를 평가한 후에 구입을 결정하는 경우도 있다.

한국에서 벼의 품질을 평가하기 위해 꼬챙이로 가마니를 찔러 샘플을 채취하듯이 카타도르는 커피조합으로 운반된 페르가미노 커피 자루에서 임의로 샘플 250그램을 채취한다. 이를 소형 전동 트리야도라(trilladora: 탈각기)에 넣어 껍질을 벗긴 후 생두의 무게를 달아 당초 샘플의 무게와 비교해서 그 차이로 생두의 수익률(Factor de Rendimiento: Yield Factor)을 환산한다. 생두의 무게를 측정하기 전에 흠집이 있는 생두를 모두 골라낸다. 페르가미노 커피의 가격은 매일 커피생산자협회(Fedración Nacional de Cafeteros: FNC)가 정하는 국내 기준가격을 토대로 정해지는데, 생두의 수익률에 따라 다소 조정된다. 고품질 커피로 평가를 받은 커피는 스페셜티 커피로 구분되어 기준가격보다 훨씬 더 높은 가격을 받는다.

콜롬비아에서 카타도르는 미국 스페셜티커피협회의 기준에 의거해 생두를 볶아 빻은 가루로 만든 커피를 통해 품질을 평가한다. 우수한 커피를 '카페 오로(café oro, 스페인어로 'oro'는 '황금'이다)'라고 부르고, 이런 커피를 생산하는 커피 농장을 보통 미크로로테(Microlote)라고 한다. '작은 농장'이라는 의미다. 커피를 대량으로 생산하는 큰 규모의 농장에서는 양질의 스페셜티 커피가 생산되기 어렵다는 의미가 포함되어 있다.

미크로로테는 커피 농장을 여러 구획으로 나눠 경작하는 방식인 동시에 그 같은 방식으로 생산된 생두를 의미하기도 한다. 미크로로테 방식을 통해 양질의 커피를 생산할 수 있고, 그 커피는 높은 가격에 판매되기 때문에 생산자와 소비자 모두에게 인기가 있다. 과거에는 커피 경작자가 스스로 경작 방법이나 가공 방법을 선택해 생산한 커피를 소비자에게 제공했으나 이제는 커피 경작자가 커피 소비자 또는 수입업자의 의견을 반영해 커피를 생산하기도 한다. 맞춤형 생산이다. 이 경우 부대비용이 들어가지만 소비자가 원하는 커피를 생산하기 때문에 안정적인 거래가 이루어진다는 장점이 있다.

콜롬비아의 커피조합과 알마카페(Almacafé), 커피 가공업체들을 방문하면 카타도르가 커핑하는 과정을 보여준다. 방문자는 카타도르가 시음하고 평가하는 과정을 세심하게 지켜볼 수 있다. 카타도르는 전문가로서의 자부심과 자신감을 가지고 커피를 심사해 등급을 매기는 과정을 설명한다. 동작이 어찌나 섬세하고 꼼꼼한지, 또 단계마다 손이 아주 많이 가기 때문에 그 행위가 신성하게 보이기까지 한다. 평가 과정에 참여한 사람뿐만 아니라 안내자도 경외하는 눈빛으로 그 과정을 지켜본다.

보통은 커피조합이나 커피 기업에서 오랜 기간 일해 온 사람들이 카타도르라는 직업에 도전한다고 한다. 카타도르는 수십 가지의 서로 다른 커

[사진 7] 우일라 주 커피조합 소속 카타도르의 커핑 시연.(출처: 저자 촬영)

피향을 넣은 시험관들을 보여주면서 냄새를 맡아보라고 한다. 아로마 키트다. 향미에 민감하지 못한 사람이 카타도르가 된다는 것은 정말 쉽지 않은 일이다.

카타도르 자격증을 따기 위해서는 매우 어려운 시험을 통과해야 한다. 수십 가지의 커피 맛을 감별해 내는 특별한 능력 이외에 커피의 종류, 재배, 유통 등 커피 산업에 대한 전반적인 이해가 필수적이다. 커피 산업의 각 분야에 오랜 기간 종사해 커피에 대한 기본적인 소양과 경험을 갖춘 사람이 카타도르 양성 과정을 이수하고 시험에 응시한다. 콜롬비아의 수도 보고타에도 카타도르 과정을 제공하는 학원이 여럿 있으며 커피생산자협회도 국제 스페셜티커피협회와 연계된 카타도르 과정을 운영한다. 작업이 어렵기 때문에 카타도르에 도전해 볼 가치가 있다는 생각도 든다. 우리나라는 매년 10억 달러 상당의 커피나 커피 제조품을 수입한다. 수입 증가세도 가파르다. 주로 브라질, 콜롬비아 등 남미와 코스타리카, 과테말라 등 중미 국가에서 커피를 들여온다. 베트남과 인도네시아 같은 아시아 국가와 에티오피아, 케냐 등의 아프리카 국가에서도 커피를 수입한다. 한국의 젊은이에게 카타도르는 충분히 매력적인 직업이 될 수 있다. 이미 카타

[사진 8] 제2회 국제 우일라 커피 및 카카오 축제 커피 시음 행사.(출처: 저자 촬영)

도르 자격을 취득한 한국인이 꽤 있으나 카타도르의 세계는 아직 우리에게 생소하다.

세계 모든 지역에서 생산되는 커피에 모두 능통한 전문가가 되기는 매우 어렵다. 지역마다 커피 산업 정책이 다르고 정책을 이행하는 기관이 다르며 커피를 생산·유통·가공하는 환경이 다르기 때문이다. 생산지별로 언어도 다르다. 각 지역별로 특화된 카타도르가 필요하다. 커피 애호가가 유난히 많은 우리나라에서도 커피 스페셜리스트가 많이 나오기를 기대한다. 한국인 카타도르의 실력은 한국 커피 산업의 동력이며 국력이 될 수 있다.

카타도르의 커핑 방식에 의한 평가에는 많은 비용과 시간이 필요하기 때문에 커피를 평가하는 데 인공지능(AI)을 도입하려는 움직임이 있다. 이스라엘 스타트업인 데메트리아(Demetria)는 커피를 토스팅하기 전에 생두에 적외선을 쏘아 커피를 평가하는 휴대용 장치를 개발했다. 적외선 센서로 얻은 정보를 AI 기반 플랫폼인 이플레이트(e-plate)에 저장된 각종 생두의 프로필과 매칭해 평가하는 것이다. 우리나라의 농가와 농산물 유통업체에서 사용하는 피스톨형 당분 측정기를 상상하면 될 것 같다. 인간이 AI와 경쟁하는 시대가 도래했다. 이세돌 9단이 바둑에서 AI와 경쟁했듯이 카타도르도 AI와 경쟁해야 한다. 그러나 AI가 우리의 삶에 편리함을 가져다줄 수는 있지만 커피의 미묘한 향과 맛을 분별해 내는 인간의 오감과 육감을 AI가 대체하는 것은 불가능할 것이다.

2장
현대 사회와 커피, 커피의 진화

1. 디카페인 커피

졸리고 느른할 때 활력을 되찾기 위해 흔히 커피를 마신다. 각성 효과가 있는 카페인을 섭취하기 위해서다. 카페인은 신경전달물질의 분비를 촉진해 혈관을 확장시키고 혈류를 빠르게 만든다. 과도하게 흡입하지만 않으면 우리의 삶에 활력소가 된다. 성인의 카페인 권장량은 하루에 400밀리그램 이하다. 임산부 경우에는 300밀리그램 이하다. 우리가 마시는 커피 한 잔에는 70-140밀리그램의 카페인이 들어 있는 만큼 성인이면 하루에 4잔 이하, 임산부는 3잔 이하를 마시는 것이 좋다.

카페인에 민감한 소비자를 위해 디카페인 커피가 생산된다. 볶은 생두에서는 카페인을 분리할 수 없기 때문에 볶기 전에 카페인을 분리한다. 하지만 디카페인 커피라고 해도 2-3퍼센트 정도의 카페인은 남아 있다. 일반적으로 카페인 제거 과정은 두 단계로 나뉜다. 먼저 다양한 방법을 사용해 생두에서 카페인 성분이 녹아 나오도록 한 뒤에 녹아 나온 카페인을 제거한다.

카페인을 추출하는 방법은 다음과 같다.

첫째, 무공해 용해제를 사용하는 것으로, 이 방법이 디카페인 커피 생산에서 가장 널리 사용된다. 용해제로 염화메탄(DCM)이나 아세트산에틸(AE)을 사용한다. 여러 무기화합물의 용매로 사용되는 염화메탄은 물과 잘 섞이지 않지만 다른 용매들과는 잘 섞인다. 아세트산에틸은 달콤한 향을 내는 무색의 액체로, 접착제나 매니큐어에도 사용된다.

1톤의 생두에서 카페인을 제거하기 위해서 약 10킬로그램의 용해제를 사용한다. 용해제를 생두와 섞으면 생두에서 카페인 성분이 빠져나오고, 이를 수증기로 세척한다. 카페인이 충분히 빠져나올 때까지 이 과정을 되풀이하는데, 특히 생두와 희석된 용해제가 법정한도까지 잘 씻겨 나가도록 해야 한다. 이어 생두의 수분 함유량이 적정 수준에 다다를 때까지 뜨거운

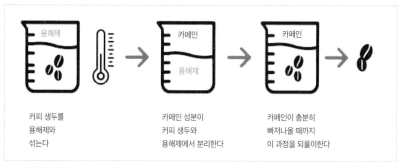

[그림 1] 용해제를 사용한 카페인 제거 과정.

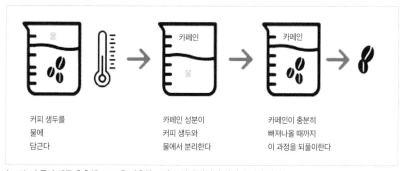

[그림 2] 물과 생두 추출액(GCE)을 사용한 스위스 워터 방식의 카페인 제거 과정.

공기를 생두에 쏘여 건조시킨다. 용해제를 사용하기 때문에 이 방법으로 생산된 디카페인 커피에 대해 거부감을 보이는 소비자도 있다.

둘째, 카페인 성분이 제거된 생두 추출액(GCE, Green Coffee Extract)을 물에 섞은 용액을 사용하는 방법이다. 세계적으로 22퍼센트 정도의 디카페인 커피가 이 방법으로 만들어진다. 생두를 이 용액에 담그면 카페인을 포함해 다양한 성분이 빠져나온다. 구체적인 방법은 다음과 같다. (1) 생두를 물에 담근다. (2) 생두가 담긴 물을 8-10시간 정도 순환시킨다. (3) 카페인을 걸러낸다. (4) 생두와 생두 추출액을 함께 건조시킨다.

카페인은 수용성이기 때문에 물에 녹는다. 생두에서 빠져나온 카페인을 포함해 다양한 성분이 함유된 용액을 활성탄소와 접촉시키면 분자의 크기가 큰 카페인만 걸러진다. 카페인이 제거된 물에 생두를 담그면 생두에서 카페인이 빠져나온다. 이 같은 과정을 반복하면 디카페인 커피가 된다.

셋째, 액체 이산화탄소(CO_2)를 통해 카페인을 제거하는 방법도 있다. 20퍼센트 정도의 디카페인 커피가 이 방법으로 생산된다. 생두에 압력을 가해 수증기를 쏘이거나 물로 세척한 후에 액화 이산화탄소에 담그면 카페인이 추출된다. 이 공정은 비교적 단순하기 때문에 커피의 향을 많이 보존하게 하는 장점이 있다.

2. 탈각기 트리야도라

페르가미노 커피를 구입한 업자들은 트리야도라(trilladora)를 사용해 껍질을 제거한다. 페르가미노를 생두라 하는데, 보통은 60킬로그램짜리 마대 단위로 판매한다. 생두를 볶은 원두 또는 원두를 빻은 가루는 봉지에 넣어 판매하기도 한다. 콜롬비아를 방문하는 외국인은 보통 볶은 원두를 구입한다. 가루 커피는 빻은 지 오래되었을 경우 향미가 많이 사라지기 때문이다.

트리야도라는 커피 열매의 껍질을 벗겨내는 기계이므로, 한국어로 번역하자면 '커피 탈각기(脫殼機)' 정도가 될 것이다. 그런데 트리야도라는 커피의 껍질을 제거하는 기계라는 의미와 더불어 페르가미노 커피를 구입·가공·선별하고 포장해 판매하는 전 과정이 이루어지는 장소를 의미하기도 한다.

콜롬비아에서는 1890년대에 처음으로 안티오키아(Antioquia)와 칼다스(Caldas) 지방에 기계 설비를 갖춘 기업 형태의 트리야도라가 설립된 뒤에 칼리, 마니살레스, 페레이라 등의 도시로 확산되었다. 1923년에 안티오키

[사진 1] 마대에 담겨 커피조합 창고에 쌓여 있는 페르가미노 커피.(출처: 저자 촬영)

아 주의 메데진 시에 소재한 트리야도라 기업들은 이 도시 산업노동자의 32퍼센트를 고용하고, 1925년에 칼다스 주에 소재한 7개의 트리야도라 기업은 이 주 산업노동자의 41퍼센트를 고용했다.

트리야도라 기업이 대규모 투자를 통해 기계 설비를 갖추고 많은 임금 노동자를 고용함으로써 콜롬비아의 커피 산업은 물론이거니와 산업 전체에서 중요한 위치를 점유하게 되었다. 트리야도라 기업의 소유주가 은행 시스템과 연계된 커피 수출업자였기 때문에 트리야도라를 통해 축적된 자본은 곧 재투자로 이어지고 결국 중산층이 확대되는 계기가 되었다. 트리야도라가 확산되면서 커피 수출이 용이해지고 커피 산업도 더욱 국제화되었다.

'탈각기' 트리야도라의 종류는 다양한데, 커피콩의 종류나 수분의 함유량 등에 따라 적절한 것을 선택한다. 콜롬비아에서는 자국에서 생산된 것뿐만 아니라 스페인, 미국 등 외국에서 생산된 다양한 제품이 사용된다. 페르가미노 커피콩을 트리야도라에 넣기 전에 자잘한 돌멩이 같은 단단한 이물질을 걸러내야 기계에 손상이 가지 않는다.

껍질을 제거한 뒤에 생두를 비벼서 불순물을 걸러내는 작업(pulido)이 진

[사진 2] 트리야도라 설비.(출처: 저자 촬영)

행된다. 이 과정을 거치면 커피가 좋은 평가를 받게 되는데, 기계의 성능에 따라 이 과정이 생략되기도 한다. 생두는 구멍의 크기가 각각 다른 체로 걸러져서 크기에 따라 4-5개의 그룹으로 분리된다. 가장 큰 것을 '수프레모(supremo)', 가장 작은 것을 '엑셀소(excelso)'라고 한다. 커피콩을 분류하는 데는 체뿐만 아니라 공기를 사용하기도 하고, 비중 측정기나 전자 장비를 사용하기도 한다.

생두의 등급을 가리키는 용어는 나라마다 다르다. 예를 들어, 케냐에서는 A, AA 등 알파벳을 사용하고, 유럽에서는 10에서 20까지 번호를 사용한다. 콜롬비아에서는 상등급 생두를 엑셀소(excelso)라고 한다.

생두를 평가하는 기준은 크기, 무게, 외형, 색깔, 향미 등이다. 향미는 카타도르가 커핑을 통해 평가한다. 통상적으로 생두가 크면 좋은 평가를 받는다. 물론 생두 크기가 작은 종류인 모카 커피나, 커피 체리에 커피콩이 2쪽이 아니라 1쪽만 생성된 경우는 별도로 평가된다. 정상적인 커피 체리 1개에는 서로 맞붙은 2개의 커피콩이 생성되는데 2쪽인 것을 '플랫 빈(flat bean)', 1쪽인 것을 '피베리(peaberry)'라고 한다. 피베리의 발생 원인은 유전적인 결함, 불완전한 수정, 영양의 불균형 등을 들 수 있다. 과거에는 피베리가 하등품 취급을 받았으나 현재는 희소성 때문에 일반 생두에 비해 높은 가격으로 거래되기도 한다.

커피콩의 모양이 삐뚤어졌거나 움푹 파이거나 두 쪽의 균형이 맞지 않을 때는 낮은 평가를 받는다. 가장 좋은 생두의 색깔은 녹색이다. 노란색이나 짚 색깔, 그을린 색, 어두운 색, 흰색은 좋지 않다. 그리고 외피에 윤이 나는 것이 좋다. 생두를 만져보면 잘 건조되었는지 알 수 있다. 커피콩을 떨어

[사진 3] 트리야도라를 통해 생산된 생두를 분류하는 기계.(출처: 저자 촬영)

뜨릴 때 나는 소리로도 품질을 분별하고, 냄새를 통해 제대로 보관되었는지도 알 수 있다.

요즈음 콜롬비아의 커피 경작자들은 지역별로 단체를 구성해 자체적으로 트리야도라를 설치한다. 어느 지역의 단체는 트리야도라뿐만 아니라 로스팅 및 그라인딩 설비도 갖추어 볶은 커피콩이나 이를 가공한 가루 커피에 자체 상표를 붙여 판매한다. 경작자들이 직접 가공해 유통함으로써 이윤을 극대화하기 위한 것이다. 우일라(Huila) 주의 네이바 시 정부는 커피산업단지(Torrefactora) 설립을 추진 중이다. 커피의 가공, 포장, 보관 등의 설비를 모두 갖추어 영세 커피 경작자들에게 일괄적인 서비스를 제공함으로써 이들의 소득을 높이겠다는 것이다.

3. 인스턴트 커피와 콜롬비아

인스턴트 커피는 로스트 커피와 달리 쉽사리 산화되지 않기 때문에 안정된 맛을 유지하고, 오래 보관할 수 있으며 간편하게 마실 수 있다. 원두를 빻는 도구나 필터 등이 필요 없고 커피 가루를 물이나 우유 등에 희석하면 된다. 그래서 초기에는 '솔루블 커피(soluble coffee)'라고 불렸는데, 제2차 세계대전 이후부터는 인스턴트 커피라는 용어가 사용되었다.

인스턴트 커피의 역사는 우리가 예상하는 것보다 길다. 1881년에 프랑스의 알퐁스 알레(Alphonse Allais)가, 1890년에 뉴질랜드의 데이비드 스트랭(David Strang)이, 1901년에 일본계 미국의 화학자 사토리 카토(Satori Kato)가 물에 녹는(인스턴트) 커피의 개발에 성공했다. 특히 화학자 사토리 카토는 자신이 개발한 분말 형태의 인스턴트 커피를 1901년에 미국에서 개최된 범미국박람회에 선보였는데, 대량 생산을 시도하지는 않았다.

인스턴트 커피의 대량 생산과 판매에 성공한 인물은 벨기에계 미국인 조지 콘스탄트 루이 워싱턴(George Constant Louis Washington)이었다. 그는 1910년에 뉴욕 브루클린에 생산공장을 세우고 '레드 이 커피(Red E Coffee)'라는 브랜드로 판매를 시작해 "완벽하게 소화되는 커피"라는 이점을 앞세워 커피 시장을 흔들기 시작했다. "역겨운 신맛과 기름내를 제거한 깨끗하고 완벽한 커피"라는 점을 강조한 광고가 효과를 발휘한 것이다. 사토리 가토의 인스턴트 커피는 뜨거운 물을 이용해 추출한 커피액을 열풍으로 건조시켜 가루로 만들었기 때문에 향이 증발해 맛이 떨어지는 문제가 있었다. 반면에 조지 워싱턴의 커피는 낮은 온도에서 수분을 증발시킴으로써 향미가 소멸되지 않았다. 1917년에 조지 워싱턴에게 기회가 찾아왔다. 당시 미국이 1차 세계대전에 참여함으로써 조지 워싱턴의 커피가 대성공을 거둔 것이다. 당시 미군에게 커피는 식수와 같은 역할을 했기 때문에 아주 중요한 군수품이었다. 워싱턴은 자국의 군인들에게 커피를 보급함으로써 각광을 받았고, 전쟁이 끝난 후에 그의 회사는 미국 커피 시장에서 확고하게 자리를 잡았다.

인스턴트 커피의 제조 과정은 다음과 같다. 생두를 볶아 빻은 후 고온의 물에 혼합하면 커피 속의 물질이 배어 나온다. 이 혼합액을 농축하고 건조시켜 인스턴트 커피를 만든다. 여기서 휘발성이 큰 커피의 향이 사라지지 않도록 하면서 수분을 제거하는 것이 관건인데, 수분을 제거하기 위해서는 두 가지 방법을 사용한다. 하나는 농축액에 고압의 펌프 분무기, 즉 스프레이 건을 사용하는 방식(spray dried)이고, 다른 하나는 동결 건조 방식(freeze dried)이다. 전자는 아주 짧은 시간에 섭씨 40-50도의 공기를 분사해 농축액의 수분을 구름 같은 작은 알갱이의 물방울로 만들어 제거한다. 후자는 커피 농축액을 섭씨 영하 50도로 낮추어 농축액의 수분을 얼리고 이를 기화시켜 제거하는 것이다. 커피 농축액의 수분은 저온에서 얼음 조각으로

[사진 4] 부엔카페 사가 생산하는 동결 건조 인스턴트 커피 '부엔디아'.(출처: 저자 촬영)

응축되는 반면에 커피는 액체 상태로 유지된다. 얼음이 포함된 커피 농축액을 대기 압력의 1000분의 1 수준의 환경에 놓으면 얼음이 승화(昇華)되어 날아간다. 고체가 액체 상태를 거치지 않고 기체가 되는 것이다. 동결 건조 과정에는 많은 비용이 들지만 향미가 보전되기 때문에 그만한 가치가 있다. 소비자도 가격이 비싸지만 동결 건조 커피를 선호한다.

잉여 커피를 활용하기 위한 연구의 결과로 생산된 인스턴트 커피도 있다. 1890년대 초에 미국의 커피 시장이 가파른 성장세를 보이자 세계 최대 커피 생산국인 브라질이 커피 농장을 확대했다. 그런데 1920년대 말에는 커피가 대량으로 생산되어 커피 시세가 폭락하면서 커피 재배 농민들이 파산할 지경에 처하고 잉여 커피가 쌓였다. 그러자 브라질 정부는 스위스 기업인 네슬레(Nestlé)에게 잉여 커피를 처리하기 위한 대책을 부탁했다. 뜨거운 물만 부어도 커피 본연의 향미를 담아낼 수 있는 커피를 만들어 달라는 것이었다. 당시 밀크 파우더를 개발하던 네슬레는 커피를 장기 보관할 수 있는 연구를 수행했고, 1937년, 7년의 연구 끝에 분무 건조 기법을 사용해 커피의 향미를 업그레이드한 인스턴트 커피를 개발하고, 1938년에는 '네스카페(Nescafe)'를 출시했다.

인스턴트 커피를 생산하는 데는 아라비카 품종보다 로부스타 품종이 더 경제적이다. 생두의 가격이 저렴하기 때문이다. 고급 생두를 사용하지 않아도 품질이 크게 낮아지지 않는다는 것이다. 시중에서 판매되는 인스턴트 커피 가운데 아라비카 커피를 모두 사용한 경우는 매우 드물다. 하지만 콜롬비아 커피생산자협회에 소속된 부엔카페(Buencafé) 사는 콜롬비아의 아라비카 품종을 100퍼센트 사용한 '후안 발데스(Juan Valdez)' 인스턴트 커피를 출시했다.

콜롬비아 커피생산자협회장 로베르토 벨레스 바예호(Roberto Vélez Vallejo)는 현재 한국 기업이 콜롬비아 원두를 수입해 인스턴트 커피를 생산하는데, 향후에는 부엔카페의 동결 건조 인스턴트 커피를 한국에 직접 수출할 수 있기를 희망한다. 그는 콜롬비아의 인건비가 저렴하기 때문에 한국 기업이 콜롬비아 현지에서 콜롬비아 산 원두로 인스턴트 커피를 생산해 한국으로 수출하는 방안도 제시한다.

[사진 5] 네스카페의 과립 인스턴트 커피.

[사진 6] 후안 발데스 상표의 동결 건조 인스턴트 커피.(출처: 저자 촬영)

4. 메데진과 누트레사 그룹

과거에 마약 카르텔로 유명했던 콜롬비아의 메데진(Medellín) 시에는 식품기업 누트레사(Nutresa) 그룹의 본사가 있다. 100년의 역사를 가진 누트레사는 콜롬비아 최대의 식품 기업이다. 종업원이 46,000명이나 되고 연 매출액이 30억 달러가 넘는다. 커피를 포함해 육류, 제과, 초콜릿 등 8개 분야에서 사업을 하고 있으며, 15개국에 70여 개의 지사와 47개의 공장이 있다. 든든한 유통망을 구축해 놓았기 때문에 도매뿐만 아니라 소매업계에서도 강력한 경쟁력을 갖추고 있다. 매출 비중은 국내 60퍼센트, 해외 40퍼센트인데, 해외 매출액에서 미국 시장의 비중이 가장 크다. 현재 커피와 초콜릿 제품을 한국, 일본 등에 수출하고 있는 누트레사는 아시아 시장의 진출에 관심을 두고 있다.

누트레사 그룹의 커피 부문 자회사는 콜카페(Colcafé)다. 1950년대에 설립된 콜카페는 커피 농장을 직접 운영하지 않고 국내외에서 구입한 생두를 원료로 사용해 로스트된 원두커피와 그라인딩한 커피뿐만 아니라 커피 엑기스, 커피 오일, 커피 향수 등 부가가치가 높은 제품을 생산한다. 커피 엑기스의 생산에서는 세계 1위다. 스타벅스에 납품하고, 빙그레, 남양, 이디야 커피 등 한국 기업에도 연간 700만 달러 정도의 커피 제품을 수출한다. 콜롬비아 내에서는 메데진, 산타 마르타 및 보고타 시에 커피 가공 공장이 있고, 이바게 시에 인스턴트 커피 공장이 있다. 국외에는 칠레, 미국, 말레이시아에 공장을 갖고 있는데, 미쓰비시가 말레이시아 공장의 지분 44퍼센트를 소유하고 있다.

콜카페는 클래식 커피, 디카페인 커피, 과립(顆粒) 커피, 카푸치노, 바닐라와 캐러멜 맛을 가미한 커피, 냉커피, 믹스 커피 등 다양한 종류의 인스턴트 커피를 생산한다, 믹스 커피는 커피와 크림, 설탕을 하나로 섞었다고 해서 상표 이름이 '3 en 1(하나에 세 가지를)'이다. 우리의 '다방 커피'와 유사하다고 보면 된다. 콜카페에서 생산하는 커피 엑기스는 음료수, 아이스크림, 제과 등에 다양하게 사용된다. 커피향을 이용한 제품은 커피에 포함된 향을 지닌 화학물질을 농축해서 만든다. 커피 원두에서는 아무런 향이 나지 않지만 열을 가해 볶게 되면 숨겨져 있던 향이 활성화되어 발산된다. 화학적으로 분석하면 900여 개의 화학물질이 기체로 배출되는데, 인간이 이들 물질 가운데 냄새로 구별할 수 있는 것은 극히 일부다.

[사진 7] 콜카페가 생산하는 인스턴트 커피.(출처: 저자 촬영)

콜롬비아 제2의 도시 메데진에 있는 콜카페의 공장에는 대형 실린더들이 여러 종류의 파이프로 연결되어 있어 그 모습이 정유공장과 흡사하다. 커피를 원자재로 수출하지 않고 부가가치를 더한 상품을 만들어 수출하기 때문에 "메데진스럽다"라는 생각을 하게 된다. 메데진의 사람들은 좀 색다르다. 콜롬비아 사람들이 인정하듯이 합리적인 비즈니스 맨 스타일을 지닌 메데진 사람들은 늘 군더더기 없는 정확한 언어를 사용한다. 메데진은 과거에 마약왕 파블로 에스코바르(Pablo Escobar)가 활약하던 '위험한' 도시로 악명이 높았는데, 지금은 부자들의 도시, 패션의 도시, 미인의 도시, 합리적인 도시 등의 긍정적 이미지를 지니고 있다.

5. 로스팅을 통해 재탄생하는 커피

커피 열매가 한 잔의 커피가 되기까지의 과정에서 가장 중요한 것은 '로스팅(roasting)'이라고 할 수 있을 것이다. 로스팅에 따라 커피의 향미가 달라지기 때문에 로스팅은 가히 '커피의 예술'이라 할 만한다.

2020년 파리에서 개최된 국제 원두커피경진대회(VI Concurso Internacional de Cafes Tostados al Origen) 시상식에서 콜롬비아 바예 데 카우카 주의 세비야 시에 있는 비야 라우라 커피점(Café Villa Laura Brew Lab)이 출품한 원두커피가 2개 카테고리에서 각각 동메달과 구르메(Gourmet) 메달을 받았다. 커피점의 주인 존 하이로 살가도는 출품한 커피에 자신의 아버지와 어머니의 이름을 차용해 '파파 오스카르(Papá Oscar)'와 '마마 누비(Mamá Nuby)'라는 명칭을 붙였다.

파파 오스카르는 커피 체리를 90시간 동안 이산화탄소로 발효시키고, 마마 누비도 같은 방식으로 248시간 동안 발효시키는 과정을 거쳤다고 한다.

파리 국제 경진대회에서는 총 74개 원두커피가 선발되었는데, 그 가운데 31개가 콜롬비아 산이었다. 콜롬비아는 13개의 금메달 가운데 6개를 획득함으로써 참가국 중 단연 1위를 차지했다. 콜롬비아 산 생두의 품질, 처리 과정, 로스팅이 우수하다는 사실을 입증한 결과였다.

농산물의 품질을 평가하는 프랑스의 비정부·비영리단체 AVPA(Agency for the Valorization of Agricultural Products)가 국제 원두커피경진대회를 주관한다. 이 단체는 2005년에 창설되어 원두커피뿐만 아니라 초콜릿, 차(茶), 식물성 기름 등을 평가한다. 로스터들, 로스팅과 관련된 전문가들이 참가한 2020년도의 국제 원두커피경진대회 제6차 행사에는 25개국에서 150개의 커피를 출품했다. 심사는 9개의 카테고리, 즉 산도를 지닌 향미(AA), 과일 맛의 산미(AF), 산미를 지닌 마일드(DAc), 향미를 지닌 마일드(DAr), 과일향의 단맛(DF), 강한 쓴맛(PA), 강한 산도와 향미(PAA), 강한 마일드(PS) 및 균형감(RE)으로 나뉘어 진행되었다.

로스팅을 스페인어로 '투에스테(tueste)'라고 한다. '볶다'라는 의미의 동사 '토스타르(tostar)'에서 파생한 것이다. 로스팅은 커피 생두에 열을 가해 물리적·화학적 변화를 일으킴으로써 생두에 내재된 수분, 지방분, 섬유질, 당질, 카페인, 유기산, 탄닌 등의 성분을 효과적으로 조화롭게 표현해내는 작업이다. 사실 커피 생두의 향을 맡아보면 커피 고유의 그윽하고 깊은 향이 전혀 느껴지지 않는다. 나무 열매의 풋내 같다고나 할 수 있을 것이다. 생두의 맛도 온전한 커피의 맛과 다르다. 생두를 끓여 마셔보면 커피를 연상하기 힘든 맛이 느껴진다. 우리를 매혹시키는 커피의 향과 맛은 로스팅을 통해 완성된다. 로스팅 과정은 생두의 품종에 따라 다르고, 같은 품종이라 할지라도 수확 시기, 기후, 환경, 보관 상태에 따라 달라진다. 더불어 생두의 조밀도, 수분 함량, 가공 방법 등도 따져야 한다.

로스팅의 단계는 나라와 단체에 따라 3단계에서부터 16단계에 이르기까지 다양하다. 우리 나라는 일본의 영향을 받아 8단계를 기준으로 삼고 있다. 최약배전(最弱焙煎: light roasting)은 감미로운 향기가 나지만 커피 본연의 쓴맛과 단맛, 깊은 맛을 느끼기 어렵다. 약배전(cinnamon roasting)은 신맛이 살아나는 단계다. 중약배전(midium roasting)의 원두는 신맛이 강하고 쓴맛이 살짝 가미된 커피를 만들기에 좋다. 중배전(high roasting)은 원두의 색깔이 갈색이 되면서 신맛이 줄어들고 단맛이 나기 시작하기 때문에 가장 일반적인 로스팅 단계라고 할 수 있다. 강중배전(city roasting)은 균형 잡힌(표준적인) 맛과 강한 향미가 느껴진다. 약강배전(full city roasting)은 신맛이 거의 없어지고 쓰고 진한 커피 고유의 맛이 느껴진다. 강배전(french roasting)은 쓴맛이 진해지고 중후한 뒷맛이 강조된다. 최강배전(italian toasting)은 쓴맛과 진한 맛이 정점에 이른다. 이들 용어는 한자어로 구성되어 표현이 경제적이기는 하지만 일반인에게는 사뭇 생소하다.

생두는 일반적으로 섭씨 200-400도의 열을 가해 30분 정도 볶는다. 볶는 과정에서 조직이 팽창해 거의 2배로 커지며 색깔과 밀도, 향미가 달라진다. 푸르스름한 생두가 열을 흡수하면 처음에는 황색으로 변하고 이어 연한 갈색이 되었다가 기름기를 머금은 어두운 색으로 변한다. 볶는 강도가 낮아질수록 신맛이, 높아질수록 쓴맛이 강해진다. 더 구체적으로 말해 로스팅 과정에서 온도가 섭씨 120도를 넘으면 생두에 포함된 당과 아미노산이 반응해 멜라노이딘 성분을 만들어냄으로써 풍부하고 고소한 맛을 형성한다. 온도가 높아질수록 자당의 캐러멜화 현상이 일어나면서 단맛이 줄어들고 달콤쌉싸름한 맛이 형성된다. 로스팅의 시간이 더 길어지면 쓴맛이 강하게 부각된다. 코스타리카, 스페인, 프랑스, 포르투갈 등 일부 국가에서는 로스팅 과정에서 생두 부피의 15퍼센트 정도에 해당하는 설탕을 섞는다. 열이 가해지면 설탕이 캐러멜화해 원두에 달라붙기 때문에 원두가 캐러멜 광택을 띠는데, 이런 과정이 원두를 보호함으로써 더 오랜 기간 보관할 수

[사진 8] 국제 커피축제 행사에 전시된 로스팅 기계.(출처: 저자 촬영)

있다. 이 로스팅 방식을 스페인어로 토레팍시온(torrefacción)이라 하고, 이렇게 생산된 원두를 카페 토레팍토(café torrefacto)라고 한다. 카페 토레팍토는 전통적인 방식으로 생산된 원두보다 강한 맛을 낸다.

기계로 커피를 볶을 때 대부분은 뜨거운 공기를 사용하는데, 온도가 섭씨 400도가 되면 커피 특유의 색깔을 내고, 커피의 맛과 향기를 만들어 주는 커피 기름을 발산한다. 시중에 여러 종류의 로스팅 기계가 있지만 통상적으로 원통형 기계가 좋은 품질의 원두를 만든다.

생두가 볶아지면서 열을 흡수하거나 방출하는데, 열을 흡수하다가 방출하게 되는 시점을 터닝 포인트라고 한다. 생두는 터닝 포인트를 지나면서 수분을 잃고 부피가 커지는 반면에 커피에 함유된 성분이 휘발하거나 연소하기 때문에 중량이 감소한다. 터닝 포인트는 생두에 따라 차이가 있다. 보통 섭씨 225도에 이르면 수분의 증발이 시작된다. 수분의 증발은 생두의 모든 부분이 균일하게, 점진적으로 이루어져야 한다. 너무 느리지도 않고 빠르지도 않아야 한다. 로스팅을 종료하는 시점도 중요하다. 로스팅은 고도의 기술이며 예술이라고 할 수 있다. 지역, 나라, 개인에 따라 커피에 대한 기호가 다르다. 어떤 사람은 커피의 산도를 선호하는 반면에 쓴맛이나 떫

은맛을 싫어하며 낮은 바디를 원한다. 이 경우에는 밝은 루비색을 띤, 살짝 볶아진 원두를 선택하는 것이 좋다. 낮은 산도, 쓴맛, 강한 바디의 커피를 선호하는 사람에게는 많이 볶은 원두가 좋다.

양질의 원두를 만들기 위해서는 로스팅이 끝난 뒤에 신속하게 식혀야 한다. 그래야 커피에 함유된 휘발성 성분들이 사라지는 것을 막는다. 그렇다고 해도 원두를 식히는 데 물을 사용하지는 않는다. 구멍이 숭숭 뚫린 커다란 판에 원두를 펼쳐 놓고 저으면서 상온에서 식힌다. 보통 3분 정도 식히면 원두의 온도가 섭씨 225도에서 35도 정도로 낮아진다. 열이 식은 원두는 포장하기 전에 8-12시간 동안 밀폐용기에 담아 '쉬게(reposar)' 한다. 이 과정에서 커피의 향미가 증진되기 때문에 고급 원두를 다룰 때는 이 과정이 반드시 필요하다. 원두를 갈아서 포장할 경우나 고급품이 아닐 경우에 이 과정이 반드시 필요하지는 않다.

커피를 제대로 보관하려면 밀폐를 잘해야 한다. 로스팅한 커피는 시간이 지남에 따라 내부의 오일 성분들이 원두의 표면으로 이동해 공기 중에 있는 산소와 접촉하면서 산화가 진행되기 때문에 외부의 공기 유입을 차단해 신선도를 유지해야 한다. 또 볶아지면서 화학적 변화를 일으키기 때문에 원두 1파운드당 1,000cc가량의 이산화탄소가 수일 동안 발생한다. 커피를 로스팅하고 일정 기일이 지난 뒤에 포장하는 데는 이산화탄소를 날려 보내기 위한 목적도 있다. 그런데도 밀폐된 용기 안에 든 커피가 계속해서 가스를 배출함으로써 용기에 가해지는 압력이 밀봉을 유지하기 어려울 정도로 올라간다. 이 경우 용기가 훼손되어 외부의 공기가 들어오게 되면 커피 본연의 향미를 잃게 된다.

이를 방지하기 위해 커피 원두나 가루를 넣은 종이봉지의 윗부분에 작은 구멍 1-3개를 뚫어 놓는다. 호기심이 많은 사람은 이 구멍을 통해 커피의 향을 맡아보기도 하는데, 이 구멍이 바로 원-웨이 가스 배출 밸브(One-way degassing valve)다. 즉 외부의 공기와 내부의 공기가 양방향으로 이동하는 것이 아니라 내부의 공기를 외부로 배출하는 것만 가능하게 하는 장치다. 이 밸브는 커피 밸브(Coffee valve), 아로마 밸브(Aroma valve) 등 다양한 이름으로 불린다.

과거에는 비닐이나 종이로 만든 봉지가 커피에서 발생하는 가스 때문에 터지거나 손상되어 밀봉을 유지하기 어려워서 용기를 제작할 때 높은 압력을 견딜 수 있는 쇠나 알루미늄 같은 재질이 주로 사용되었다. 하지만 재료가 비싸고 무겁기 때문에 생산비와 유통비의 증가로 이어졌다. 이런 상황에서 1969년에 이탈리아의 고글리오 루이지(Goglio Luigi)가 원-웨이 밸브가 달려 있는 신축성 밀폐 용기를 발명했다. 이 작은 발명품이 커피를 신선한 상태로 보관할 수 있게 만들어 주었고, 현재 커피의 포장에서 필수적인 요소로 자리잡았다.

3장
세계 3대 커피 대국의 역사

1. 18세기, 콜롬비아에 전해진 커피

9세기경에 에티오피아와 아라비아 반도 사이에 무역로가 개척되면서 아프리카의 노예가 상품으로 거래되었다. 당시 아라비아 반도 남단의 예멘을 지배하던 왕조는 요새를 건설하기 위해 아프리카의 노예를 들여왔고, 따라서 에티오피아의 커피가 예멘에 전해진 시기는 9세기경으로 추측된다. 100여 년이 지난 뒤에 페르시아의 이븐 시나(Ibn Sina)가 집필한 『의학전범(The Canon of Medicine)』에도 예멘에서 보낸 식물의 생약이 소개되는데, 아마도 커피콩이었을 것이라 추정된다. 이렇게 해서 예멘의 커피는 이슬람 세계 전역으로 급속하게 확산해 이슬람의 성지 메카에도 최초의 커피 전문점인 카페 하네(Kahve Hane: '커피 하우스'라는 의미)가 생겼다.

16세기 말에는 커피가 유럽에 알려졌다. 네덜란드는 17세기에 예멘에서 커피나무를 몰래 빼내 암스테르담의 온실에서 길렀다. 이후 커피나무를 실론(현재의 스리랑카)으로 이식했고, 17세기 말에는 인도네시아 자바 섬에서 재배해 자국으로 들여왔다. 프랑스도 네덜란드로부터 커피 묘목을 받았다. 암스테르담의 시장이 프랑스의 루이 14세에게 선물로 준 것이다. 프랑스는 이를 왕립 식물원에서 키워 번식시켰다. 이 커피나무를 프랑스의 해군 장교 클리외(Gabriel de Clieu)가 1723년에 카리브 해의 화산섬 마르티니크로 옮겨 심었다. 클리외는 3개월의 항해 기간에 마실 물을 아껴 커피 묘목에 뿌려줌으로써 간신히 3그루를 살려낼 수 있었다. 마르티니크에 확산된 커피나무가 브라질을 포함해 중남미 대륙으로 퍼져나갔다. 클리외가 중남미 커피의 아버지가 된 것이다. 그가 중남미에 가져온 커피나무는 티피카 품종이었다. 세계적으로 알려진 블루마운틴 커피를 생산하는 자메이카도 1728년에 마르티니크로부터 커피나무를 분양받았다.

클리외가 커피나무를 마르티니크로 옮기기 전에 프랑스가 지금의 아이

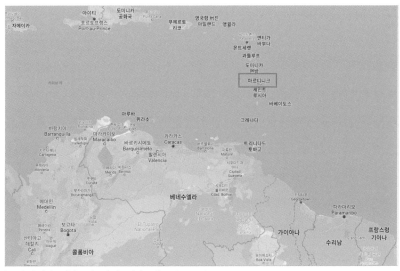

[그림 1] 카리브해의 프랑스령 마르티니크 섬.(출처: 구글 지도)

티에 옮겨 재배했다. 그러나 허리케인이 아이티를 강타해 대부분의 커피나무가 손실됨으로써 결국 마르티니크에서 아이티로 다시 전해졌다. 이후 아이티는 커피 생산의 전성기를 맞게 되어 1750년경에는 세계 커피 생산량의 50퍼센트를 점유하게 되었다. 지금의 수리남인 네덜란드령 기아나에는 마르티니크보다 먼저 커피나무가 이전되었다. 네덜란드는 암스테르담 식물원의 커피나무를 그곳으로 보내서 노예의 노동력을 활용해 재배했다. 인접한 프랑스령 기아나는 네덜란드령 기아나(지금의 수리남)로 도망간 죄수들을 이용해 네덜란드령 기아나에서 커피나무를 훔쳐 왔다.

부르봉 품종은 18세기에 중남미로 확산된 티피카 품종과 달리 19세기가 되어서야 중남미에 전해졌다. 18세기 초반에 예멘을 방문한 프랑스 사절단에 의사가 포함되어 있었는데, 그가 예멘 왕의 중이염을 고쳐주자 왕이 감사의 표시로 커피나무 60그루를 프랑스 대표단에 전했다. 항해 중에 20그루만 살아남아 인도양의 프랑스령 섬에 심어졌다. 그러나 기후 조건이 달랐기 때문에 오직 한 그루만 살아남아 열매를 맺었고, 그 종자를 통해 재배가 확산되었다. 인도양의 그 섬이 '부르봉'이었기 때문에 커피 품종에 섬 이름이 붙여졌다. 물론 프랑스의 대표적인 왕가 이름인 부르봉이 먼저 섬의 이름이 되었을 것인데, 섬의 이름은 나중에 레위니옹으로 바뀌었다. 부르봉 품종은 오랜 세월이 흐른 뒤 브라질 상파울루에 전해졌다.

프랑스령 기아나에서 브라질에 커피나무가 처음으로 전해졌다. 브라질을 지배하고 있던 포르투갈은 네덜란드와 프랑스가 커피로 많은 돈을 벌고 있다는 소식을 잘 알고 있던 터에 프랑스령 기아나에 커피가 재배되고 있다는 정보를 얻었고, 커피나무를 가져오기 위해 호시탐탐 기회를 엿보고 있었다. 네덜란드와 프랑스 사이에 기아나를 둘러싼 국경 분쟁이 벌어지자 이들은 포르투갈에 중재를 요청했다. 포르투갈은 사교성이 뛰어나고 잘생긴 브라질 장교 프란시스코 데 멜로 팔레타(Francisco de Mello Palheta)를 프랑스령 기아나로 보냈다. 그는 프랑스 총독 부인에게 의도적으로 접근해 그녀의 연인이 되었다. 총독 부인은 중재 임무를 마치고 브라질로 귀임하는 팔레타에게 석별의 꽃다발을 전해 주었다. 꽃다발에는 커피 묘목 다섯 개가 숨겨져 있었는데, 이들 묘목이 나중에 브라질을 커피 대국으로 만들었다. 참고로 기아나는 식민지 제국주의 시대에 영국, 네덜란드 및 프랑스에 의해 3개로 분할되었다. 영국령 기아나는 가이아나로, 네덜란드령 기아나는 수리남으로 독립했고, 프랑스령 기아나는 지금도 그대로 남아 있다.

콜롬비아에는 1730년대에 예수회 소속 스페인 신부가 커피를 전한 것으로 알려져 있다. 훨씬 이전인 16세기 중반에 예수회 신부가 전했다는 이야기도 있지만 정확한 기록이 없기 때문에 어느 것이 맞는지는 모른다. 어찌되었든 마르티니크 섬에서 상인이나 선교사들에 의해 베네수엘라로 커피 묘목이 이전되고, 식민시대 말기에 베네수엘라와 인접한 콜롬비아의 산탄데르 지역으로 옮겨졌으리라 추정된다.

콜롬비아에서는 부카라만가(Bucaramanga) 시의 교구 사제였던 프란시스코 로메로(Francisco Romero) 신부의 이야기가 즐겨 회자된다. 그는 기업가 정신이 충만한 선각자라고 할 수 있었다. 유럽에서 커피 수요가 확대되는 것을 간파한 그는 커피 재배가 콜롬비아 농민에게 높은 소득을 가져다줄 수 있을 것이라고 생각했다. 그러나 콜롬비아 농부들은 커피 재배를 원치 않았다. 묘목을 심고 열매가 열릴 때까지 4년을 기다릴 수 없었기 때문이다. 그러자 로메로 신부는 고해성사를 활용했다. 죄를 용서받는 대가로 커피 묘목을 심도록 했던 것이다. 죄과가 크면 클수록 더 많은 묘목을 심도록 했다. 신부의 노력으로 콜롬비아에 커피가 전해진 지 100여 년이 지난 1835년경에 산탄데르 및 노르테 데 산탄데르 주는 커피 재배의 메카가 되었다. 이후 커피 재배지는 콜롬비아 중심부인 쿤디나마르카(Cundinamarca) 주의 서부 지역을 거쳐 안티오키아, 칼다스, 톨리마(Tolima) 그리고 카우카

| 사진 1 | 프란시스코 로메로 신부의 흉상.

와 우일라 주로 확대되었다.

　콜롬비아의 인접국인 파나마는 게이샤(Geisha) 커피로 유명하다. 게이샤는 흔히 일본의 기생을 일컫는 어휘로 잘 알려져 있지만 품종의 이름은 그것과 아무런 관계가 없다. 1931년에 에티오피아의 카파 지역에 있는 숲 게이샤에서 발견되었기 때문에 그런 이름이 붙은 것이다. 파나마에 이 커피가 전파된 경위는 좀 색다르다. 파나마는 다른 중남미 국가들과 마찬가지로 300여 년 동안 스페인의 식민지였다가 1821년에 독립했으나, 다시 콜롬비아에 예속되었다가 1903년에야 미국의 지원을 받아 완전히 독립했다. 그런데 커피가 인접국인 콜롬비아를 통해 전해진 것이 아니라 1800년대 후반에 유럽인들이 파나마로 대거 이주하면서 전해진 것이다.

　커피가 부의 원천이 되자 커피나무 보유국들은 반출을 엄격하게 통제했다. 예멘은 싹을 틔울 수 없게 처리된 종자만을 수출하도록 했을 정도다. 그런데도 커피나무는 비공식적으로, 비밀리에 세계 여러 지역으로 재빠르게 퍼져나갔다. 재배 환경이 열악했을지라도 커피나무가 생존한 데는 식물학적인 이유가 있다. 로부스타, 유게니오이데스, 리베리카 품종을 포함해 대부분의 커피과 식물은 다른 나무에서 꽃가루를 받아 수분을 한다. 즉, 타가 수분형 식물이다. 그런데 아라비카 품종은 타가 수분형이면서도 자가 수분이 가능한 변종 식물이다. 로부스타 종과 유게니오이데스 종이 교배해 태어난 아라비카 종은 자가 수분이 가능하도록 형질이 변했다. 아프리카에서 세계로 퍼져나간 커피 품종은 아라비카에 속하는 티피카와 부르봉이었다.

2. 안티오키아의 식민화, 커피 생산지를 확대하다

커피 재배가 쿤디나마르카와 안티오키아 지방으로 확대되면서 콜롬비아 커피 생산의 90퍼센트를 점유하던 산탄데르 지방의 커피 생산 비중이 1800년대 말에는 30퍼센트대로 하락했다. 쿤디나마르카에서 서쪽으로 농지가 개발되어 가면서 목축업이 융성하고 사탕수수 플랜테이션이 만들어진 것이다. 초기에는 생활에 필요한 작물이 재배되었다. 당시 담배 산업으로 축적한 부를 투자할 데를 찾고 있던 사업가들은 국제 커피 가격이 상승하고 커피 시장이 확대되자 커피 산업에 투자를 했다. 그 후 담배 산업이 위축되자 직업을 잃은 노동자가 대량 배출된 것도 커피 산업의 부흥에 호의적인 여건을 조성했다. 보고타의 부자들도 땅을 구입해 대형 커피 농장을 만들었다. 당시의 사회 분위기에서 커피 농장주가 되는 것은 명성을 얻고 존경을 받는 것을 의미했다.

19세기의 마지막 10년은 커피 가격의 상승에 따라 쿤디나마르카와 톨리마에서 커피 농장이 대폭 확대된 시기였다. 그러나 '천일전쟁(千日戰爭)'은 커피 산업에 부정적인 영향을 끼쳤다. 천일전쟁은 1888년 발생해 1902년까지 1,000일 동안 지속된 보수파와 자유파 간의 내전으로, 10-15만 명이 사망하고 전 국토가 유린되었다. 이 내전으로 노동 문제가 발생하고 통신망이 파괴되었으며 수출도 심각하게 감소했다. 이후 커피 산업이 서서히 회복되고, 커피 경작지가 안티오키아, 칼다스, 톨리마, 바예 데 카우카 등 서부로 확대되었다. 사람들은 땅을 소유하겠다는 일념으로 험한 여정을 선택했다. 그들은 나무뿌리를 뽑아가면서 숲을 농토로 바꾸었다. 처음에는 식량 확보를 위해 옥수수, 강낭콩, 플라타노(바나나의 일종) 등을 주로 재배했다. 이를 콜롬비아에서는 '안티오키아의 식민화(Colonización de Antioquia)'라고 부른다.

스페인의 식민시대에 안티오키아는 사람이 거의 살지 않는 외진 지역이었으나 19세기부터 20세기 전반기까지 사람들이 이주하면서 식민화가 이루어졌다. 세월이 흘러 생활이 안정되면서, 그리고 그 지역의 토양이 커피 경작에 적합하다는 사실을 알게 되면서 커피를 재배하기 시작했다. 가족 모두가 커피 경작에 매달렸다. 남자들은 커피나무의 가지치기와 커피 농장의 제초 등을 담당하고, 여자들은 커피 열매를 수확했으며, 아이들은 건조된 커피콩에서 벌레 먹은 것이나 쭉정이를 골라냈다.

1905년에 칼다스 주가 안티오키아 주에서 분리되었다. 1900년에 이 두 개 주의 커피 생산 비중은 15퍼센트였으나 1932년에는 47퍼센트로 확대되었다. 반면 콜롬비아 커피 생산의 중심지였던 산탄데르, 노르테 데 산탄데르, 쿤디나마르카 지역의 비중은 82퍼센트에서 24퍼센트로 축소되었다. 1892년부터 1913년 사이에 커피 경작지가 대폭 확대되었다. 안티오키아 주는 953헥타르에서 26,800헥타르로, 칼다스 주는 160헥타르에서 12,000헥타르로 늘어났다.

19세기에는 대형 농장이 커피 산업을 이끌었으나 20세기에는 중소형 농장의 중요성이 커졌다. 1878년에는 안티오키아 지역의 4개 농장이 그 지역 커피나무의 46퍼센트를 소유할 정도로 커피 산업은 대형 농장 중심이었다. 1912-1913년에도 커피 가격이 상승하자 막달레나 강 상류 지역인 쿤디나마르카와 톨리마 지역에 아시엔다(hacienda)로 불리는 대규모 농장이 커피 생산을 주도했다.

세월이 지남에 따라 가족 단위의 커피 경작자가 늘어났다. 커피 소농들은 금융기관의 높은 이자율과 낮은 가격으로 커피를 구입하려는 외국의 수입업자들 때문에 많은 어려움에 직면했다. 한편 아시엔다에서는 소작농들과의 갈등이 발생했다. 일부 주민은 유휴 토지를 불법적으로 점유했다. 콜롬비아 의회는 유휴지를 공공 목적으로 수용하는 법을 통과시켰다. 이 같은 환경하에서 대규모 농장들은 점점 쇠퇴해 가고, 커피 업계의 터줏대감들은 시멘트, 신발, 부동산, 운송 등의 분야로 사업을 다각화했다. 1923년의 통계에 따르면 12헥타르 미만의 커피 농가가 콜롬비아 총 커피 생산의 56퍼센트를 점유한 반면에 35헥타르 이상의 대형 농장의 생산 비중은 23퍼센트였다.

1910년부터 1930년 사이에 콜롬비아의 경제·사회 및 정치 상황에 획기적인 변화가 발생했다. 미국이 모든 분야에서 콜롬비아의 제1 협력 파트너로 대두된 것이다. 제1차 세계대전으로 유럽이 전화에 휩싸여 유럽 시장이 막히면서 미국 시장이 활성화되었다. 콜롬비아의 대외 관계와 교역은 주로 미국을 향했다. 미국은 콜롬비아 커피의 최대 수입 시장이 되었다. 1916년에 파나마운하가 개통됨으로써 콜롬비아가 태평양을 통해 커피를 수출하는 것도 가능해졌다. 태평양 연안에 위치한 부에나벤투라(Buenaventura) 항구의 역할이 중요해지고, 칼리(Cali) 시가 커피 수출의 전진기지가 되었다. 칼리 시 인근의 칼다스, 바예 데 카우카 및 안티오키아 남부 지역의 커피 경작자들에게는 보다 가깝고 비용이 적게 드는 수출 경로가 생긴 것이다.

1906년에 브라질은 국제 커피 가격을 유지하거나 인상하고 국제 커피 시장을 통제하기 위해 '커피 방어 정책'을 채택했다. 커피 유통 기업들과 협정을 체결하고, 잉여 커피를 저장하면서 수출량을 조정했다. 그 와중에 콜롬비아는 생산량과 수출량을 늘렸다. 콜롬비아의 커피 산업은 더욱 공고해지고 수출도 확대되었다. 콜롬비아 커피 산업이 부각된 것은 제1차 세계대전 이후였다. 브라질 정부가 커피 가격을 떠받치기 위해 외채를 들여와 국내 잉여 커피를 구입해서 저장하는 등 어려움을 겪는 동안 콜롬비아는 꾸준히 양질의 커피 생산을 늘린 것이다.

제1차 세계대전이 발발한 1914년에 미국이 수입한 브라질 산 커피가 총 수입량의 4분의 3을 차지했으나 전쟁이 종료된 1919년에는 브라질 산 수

[사진 2] 중부 산지와 동부 산지 사이를 흐르는 1,500여 킬로미터의 막달레나 강을 통한 운송.(출처: 위키피디아)

입의 비중이 50퍼센트를 조금 넘는 수준으로 하락했다. 미국에서 브라질 커피의 소비가 줄어들자 풍선효과로 콜롬비아와 중미 국가들이 생산한 커피의 시장 점유율이 점차 높아졌다. 콜롬비아 커피가 유럽에서도 인기를 얻자 콜롬비아 커피의 생산량과 수출량이 꾸준하게 증대했다.

　콜롬비아의 동부 산지와 서부 산지 사이에 놓인 막달레나 강은 우일라 주에서 시작되어 11개 주를 통과하면서 1,540킬로미터를 흘러 카리브해에 다다른다. 19세기 중반부터 담배 등 농산물을 대서양까지 운송하는 주요 경로로 사용되던 막달레나 강은 여러 커피 생산지를 통과하기 때문에 커피 운송에도 중요한 역할을 했다. 문제는 내륙의 커피 산지로부터 막달레나 강까지 커피를 운송하는 것이었다. 주로 노새나 소를 활용했기 때문에 비용이 많이 들었다. 당시 커피 2만 포대를 칼다스에서 막달레나 강의 온다 (Honda) 항구까지 운반하는 데는 소 8,300여 마리가 필요했다고 한다.

　19세기부터 부설되기 시작한 콜롬비아 철도의 총 길이는 1927년에 2,000킬로미터가 넘었는데, 관리가 부실하고 추가 투자가 이루어지지 않아 대부분은 운행이 불가능해졌다. 현재 콜롬비아 화물 운송은 대부분 트럭이 담당한다. 그래서 어디를 가든 트럭으로 인한 교통 체증이 심하다. 콜롬비아 중심부에서 대서양 연안까지의 화물 운송 비용이 대서양 연안에서 아시아 지역 항구까지의 비용보다 더 많이 든다. 대개 험준한 안데스 산지에서 커피가 생산되므로 인프라를 확장하기가 쉽지 않다. 대체 운송 수단으로 메데진, 보고타, 마니살레스 등에 에어 케이블이 설치되어 사람과 농산물을 운반했다. 특히 마니살레스와 마리키타를 연결하는 73킬로미터의 케이블이 유명했다. 이 케이블을 통해 하루에 200여 톤의 커피가 막달레나 강까지 운반되었다고 한다. 이 케이블은 철도가 부설됨에 따라 1960년에 폐기되었다.

3. 아라비카 품종만 고집하는 콜롬비아

콜롬비아에서는 아라비카 품종의 커피만 재배된다. 콜롬비아 국립 농업과학기술연구소인 아그로사비아(Agrosavia) 등 일부 단체는 로부스타도 재배해야 한다는 의견을 제시한다. 브라질의 아라비카-로부스타 혼합 경작 성공 사례, 로부스타의 높은 생산성과 경제성 및 생산의 다양성 등을 이유로 내세운다. 그러나 전통적으로 아라비카를 재배해 온 커피 농가와 커피조합들의 강력한 반대에 직면해 있다. 그들은 로부스타 재배를 언급하는 것조차도 반대할 정도다. 콜롬비아 커피생산자협회도 로부스타를 재배하지 않는다는 입장을 고수하고 있다. 지금까지 콜롬비아는 고급 커피를 생산한다는 이미지를 구축해 왔는데, 이 같은 이미지를 계속 유지하는 것이 자국의 커피 산업과 경제에 유리하다고 판단하기 때문이다. 콜롬비아에서 농업연구소 차원의 실험 재배는 가능하겠지만 브라질과 같은 혼합 경작은 아직 요원하다.

[사진 3] 열매가 많이 달리고 기계 수확이 가능한 로부스타 품종.(출처: 위키피디아)

콜롬비아에서 아라비카는 주로 안데스 산맥의 3개 지류 가운데 중부 및 동부 산지에서 재배되는데, 재배지가 해발 1,300-2,000미터의 경사진 곳이어서 작업하기가 여간 불편하지 않다. 기본적으로 기계를 사용하는 것이 어렵고, 경작지 관리와 수확에 많은 인력이 필요하다. 수자원은 풍부한 편이지만 경사진 곳이라서 건기에는 관개(灌漑)의 문제도 있다. 그래서 경사진 경작지 중간중간에 인공저수지를 만들어 빗물을 모은다. 커피 농장에 가려면 산 중턱을 깎아 만든 위험한 산길을 올라갈 수밖에 없기 때문에 도로 등 인프라 구축에도 많은 투자가 필요하다. 이 같은 농장의 입지 때문에 경작자들 대부분이 4헥타르 미만의 영세한 농장을 운영하고 있다.

티피카 품종은 부르봉 품종이나 카투라 품종에 비해 비교적 키가 높게 자라며 큰 열매를 더 많이 생산한다. 자메이카를 상징하는 블루마운틴 커피와 세계적인 유명세를 지닌 하와이의 코나 커피, 그리고 화가 빈센트 반

[사진 4] 커피 농장 관개를 위해 빗물을 모아놓은 저수지.(출처: 저자 촬영)

고흐가 즐겨 마셨다는 예멘의 모카 마타리 커피도 티피카 품종이다. 보통 1헥타르에 2,500그루의 묘목을 심는다. 콜롬비아에서는 티피카를 '아라비고(Arábigo)', '파하리토(Pajarito)', '나시오날(Nacional)'로 부르기도 한다. 이 품종은 18세기 중반에 베네수엘라의 오리노코 지역에서 처음으로 재배하기 시작해, 18세기 후반에는 콜롬비아 산탄데르 주의 주요 재배 품종이 되었다. 현재 콜롬비아 커피 재배지의 30퍼센트 정도에서 재배되고 있다. 티피카 품종이 지닌 문제는 커피 녹병 로야에 취약하다는 것이다. 프랑스 사람들에 의해 중남미에 이식된 뒤 1928년에 콜롬비아에 들어온 부르봉 품종에 비해 생산성도 떨어진다.

부르봉 품종은 다른 품종에 비해 나뭇가지가 위로 향하고 잎사귀가 오그라든 형태다. 열매의 크기는 가장 큰 등급인 '수프레모(supremo)'의 42-50퍼센트 정도로 작은 편이나 생산량이 많다. 나뭇가지 사이의 간격이 좁고, 중심 가지가 아니라 곁가지에 열매가 맺힌다. 따라서 가지가 많을수록, 그리고 가지 사이의 간격이 좁을수록 열매를 많이 생산한다. 부르봉 품종은 조생종이기 때문에 다른 품종보다 나무의 생명이 짧은데, 생산성이 높기 때문에 중미 및 카리브 지역에서는 티피카 품종을 대체했다. 콜롬비아 커피

[사진 5] 티피카 품종 커피나무와 열매.(출처: 위키피디아)

연구소 세니카페(Cenicafé)가 1950년대 초에 이 품종을 칼다스 주 커피 농가에 배포했다. 부르봉 품종은 열매의 색깔에 따라 부르봉 로호(rojo: 붉은색), 부르봉 로사도(rosado: 분홍색), 부르봉 아마리요(amarillo: 노란색)로 구분된다. 부르봉 로호가 대표 품종이고, 부르봉 로사도는 부르봉 로호와 부르봉 아마리요가 유전학적으로 교배된 것이다.

티모르, 티피카 및 부르봉 사이에 하이브리드로 탄생한 품종으로 티비(Tibi) 품종이 있는데, 커다란 열매가 특징이다. 열매의 80퍼센트 이상이 가장 큰 등급인 수프레모에 속한다. 품질이 좋아 스페셜티 커피에 합당하며 녹병에도 내성이 있다. 1헥타르에 3,000그루 정도를 재배한다.

브라질에서 유입된 카투라 품종은 생산성이 매우 높기 때문에 콜롬비아의 주요 커피 생산지에서 많이 재배된다. 나무의 평균 높이가 약 2미터에 불과하기 때문에 밀집 재배될 수 있다. 나뭇가지의 각도가 평균 66도여서 옆으로 퍼진 형태고, 가지 사이의 간격이 좁으며 잔가지들도 많아 열매를 많이 맺는다. 나무 전체의 모습은 원통형이다. 카투라 로하(roja)와 카투라 아마리야(amarilla) 두 종류가 있는데, 카투라 아마리야가 생산성이 더 높다. 본래 카투라 품종은 커피 녹병에 매우 취약했으나 콜롬비아 커피생산자협회가 커피 녹병에 강한 품종을 개발해 농가에 적극적으로 보급하고 있다.

[사진 6] 부르봉 아마리요 품종 커피나무와 열매.(출처: pixabay.com)

[사진 7] 카투라 아마리야 품종 커피나무와 열매.(출처: 위키피디아)

콜롬비아(Colombia) 품종은 커피 녹병의 피해를 줄이기 위해 커피연구소 세니카페가 개발한 것이다. 콜롬비아가 자체적으로 개발했기 때문에 품종에 나라 이름을 붙인 것으로 보인다. 녹병에 저항하는 이질적인 유전자를 가지고 있는 콜롬비아 품종은 녹병 피해가 심한 지역에 파종되었는데, 농약이 많이 필요하지 않아 생산 비용이 감축되고 환경 피해도 줄어들었다. 나무의 크기나 형태가 카투라 품종과 흡사하다. 생산성도 매우 높고, 열매의 쭉정이 비율 또는 기생균 감염 비율도 낮다. 열매의 크기도 커서 생두의 가격이 높고, 스페셜티 커피로 합당하다. 향과 맛은 티피카, 카투라, 부르봉과 유사하다.

카스티요(Castillo) 품종도 콜롬비아 품종과 마찬가지로 세니카페가 개발했는데, 카투라 품종과 '티모르 하이브리드' 품종의 교배를 통해 만들어졌다. 나무는 키가 작은 편으로, 콜롬비아의 환경에 잘 적응하도록 만들어졌다. 특히 녹병에 강하고 향미가 좋으며 생산성이 높다. 녹병에 취약한 카투라와 티피카를 대체하기 위한 품종을 개발하는 과정에서 카스티요가 탄생했다. 이 품종의 명칭은 개발자인 세니카페의 연구원 하이메 카스티요 사파타(Jaime Castillo Zapata)에서 차용했다.

마라고지페(Maragogipe) 품종은 브라질 바이아 주 마라고지페 지방에서 발견된 것이다. 열매가 보통 크기의 4배나 되어 '코끼리 콩'이라는 별명이 붙었다. 마라고지페는 신맛이 적으나 쓴맛이 있고, 바디가 묵직하며 다양한 영양소를 함유하고 있다. 독일과 오스트리아에서 많이 소비된다. 특히 초콜릿과 살구 잼을 섞어 만든 오스트리아의 케이크 자허토르테(Sachertorte)와 잘 어울리는 것으로 알려져 있다. 중남미에서는 멕시코의 치아파스 지방, 니카라과, 과테말라 등에서 재배된다. 콜롬비아에서는 칼다스 주의 리오수시오(Riosucio)와 초코(Chocó) 주의 카르멘 데 아트라토(Carmen de Atrato) 사이에 있는 '파라요네스 데 시타라(Farallones de Citará)'의 산등성이에서 주로 재배된다.

[사진 8] 부르봉 로사도 품종 커피나무와 열매.(출처: KunDe Coffee Platform)

[사진 9] 커피 녹병에 강하고 생산성이 높은 카스티요 품종의 커피나무와 열매.(출처: Perfect Daily Grind)

마라고지페를 가장 많이 생산하는 농장은 '아시엔다 엘 보톤(Hacienda El Botón)'인데, 이곳에서 생산하는 커피는 1920년대부터 독일 함부르크로 수출되었다. 한 가지 재미있는 점은 마라고지페 커피를 많이 수입해 마시는 지방에서 21세기에 저명인사가 많이 배출되었다는 것이다. 취리히의 물리학자 알베르트 아인슈타인, 인스부르크의 경제학자 프리드리히 하이에크, 에센의 아돌프 히틀러, 베를린의 헬무트 콜, 라이프치히의 쇼펜하우어 등이다. 마라고지페는 나무의 키가 크고, 높은 온도와 습한 땅에도 잘 적응한다. 열매가 아주 크며 늦게 성숙한다.

파카스(Pacas) 품종은 부르봉 품종에서 나온 변종으로, 1949년에 엘살바도르의 산타아나 주(州) '산 라파엘(San Rafael)' 농장에서 발견되었다. 품종의 명칭은 농장 주인의 성인 파카스에서 차용되었다. 엘살바도르 커피 재배면적의 24퍼센트 정도에서 파카스 품종이 재배된다. 품종의 특징은 가뭄, 바람, 태양열에 강하다는 것이다. 나무는 작은 편이고, 나뭇잎이 무성하다. 생산성은 중간 정도고, 향과 맛이 뛰어나다.

파나마의 국격을 한층 높여준 게이샤 커피 또한 콜롬비아에서 재배된다. 게이샤는 파나마의 아시엔다 라 에스메랄다(Hacienda La Esmeralda)에서 생산되기 때문에 '파나마 에스메랄다 게이샤'라는 이름으로도 알려져 있다. 파나마의 풍부한 강수량과 시원한 그늘을 만들어 주는 구름은 게이샤 품종이 잘 자라게 해준다. 콜롬비아의 경우에는 화산 토양이 이 커피의 향미를 복합적으로 만드는 데 일조한다.

최근에는 게이샤 품종이 커피 업계의 주목을 받고 있다. 바리스타 경연대회에 참가하는 선수들도 게이샤를 선택하는 경우가 많다. 나리뇨(Nariño) 주 탄구아(Tangua) 지역의 오브라헤(Hacienda El Obraje) 농장은 게이샤 품종으로 '콜롬비아 컵 오브 엑설런스'에서 우승했다. 게이샤에 대한 소비자의 관심이 증폭되자 이 품종을 경작하는 커피 농장이 늘고 있다. 게이샤는 일교

[사진 10] 열매가 가장 큰 품종인 마라고지페 커피나무와 열매.(출처: 저자 촬영)

[사진 11] 재배가 까다로운 게이샤 품종 커피나무와 열매.(출처: 저자 촬영)

차가 크고 신선한 기후의 고지에서 재배된다. 생두는 크고 길쭉하다. 재스민과 벌꿀의 향기, 감귤의 맛, 화이트 와인과 같은 경쾌한 바디, 뛰어난 산미를 갖고 있다.

4. 콜롬비아의 스페셜티 커피

콜롬비아의 커피 농장주과 커피조합 관계자들은 대부분 자신들이 생산하고 유통하는 커피가 스페셜티 커피라고 설명한다. 그들이 소개하는 커피의 포장지에 스페셜티 커피라는 문구가 들어 있는 경우도 종종 있다. 그런데 어떻게 스페셜티 커피 자격을 받았는지에 대한 구체적인 설명은 없다. 스페셜티 커피의 자격을 얻기 위해서는 어떤 요건을 갖추어야 하는지, 스페셜티 커피라는 명칭을 사용하기 위해서는 어떤 기관의 승인을 받아야 하는지 궁금해진다. 스페셜티 커피가 되려면 국제스페셜티커피협회(SCA)의 기준에 따른 카타도르(큐 그레이더)의 평가 점수가 80점 이상이어야 한다. 콜롬비아에서는 커피 품질을 판정하는 기준으로 국제스페셜티커피협회가 지정한 10개 항목을 사용한다. 평가 기준은 1982년에 미국스페셜티커피협회(SCAA)와 유럽스페셜티커피협회(SCAE)가 창설되면서 만들어진 것이다. 미국스페셜티커피협회에는 커피를 수입하는 42개 중소업체가 참여했다. 협회 창설의 주목적은 수입 커피의 물량을 안정적으로 확보하는 데 있었다. 아울러 그들은 새로운 국제커피협정에 자신들의 이해를 반영하기 위해 협회를 활용했다. 최초의 국제커피협정은 커피 생산국들에게 수출 쿼터를 할당했는데, 중소 규모의 커피 수입업체들에게 이 할당제는 다양한 양질의 커피를 자유롭게 구입하는 데 장애가 되기도 했다.

  '스페셜티 커피'라는 명칭은 스페셜티 커피의 어머니로 불리는 에르나

크누첸(Erna Knutsen)이 1974년에《티 앤 커피 트레이드 저널(Tea & Coffee Trade Journal)》에서 처음으로 사용했다. 그녀는 스페셜티 커피를 "특별한 지리적 조건에서 만들어진, 특별한 풍미의 커피"로 정의했다. 이 같은 정의는 생두를 염두에 둔 것으로, 품질이 점점 나빠지던 코모디티(commodity) 커피에 대한 반발로 대두되었다. 코모디티는 원자재를 대상으로 체결된 국제상품협정에 따라 대규모로 거래되는 상품, 즉 커피, 설탕, 밀가루, 천연고무 등을 가리킨다.

"생두에서 시작해 로스팅과 추출을 거쳐 한 잔의 음료로 만들어지기까지 산지의 특성을 좋은 품질로 잘 보여주는 커피"가 스페셜티 커피라는 정의도 있다. 다소 모호한 개념이지만 깊이 생각해 보면 이해가 간다. 스페셜티 커피의 평가 기준이 정해져 있을지라도 카타도르마다 평가 점수가 다를 수 있기 때문이다. 따라서 커피 구매자는 판매자가 제공하는 커피 평가는 참고만 하고 자체적으로 카타도르를 채용해 소비자의 기호에 맞는 원두를 고른다. 분명한 것은 일반 커피에 비해 스페셜티 커피가 비싸다는 것이다. 세계에서 팔리는 커피의 7퍼센트 정도가 스페셜티 커피라고 한다.

콜롬비아 커피 경작 농가 56만 개 가운데 약 13만 개, 즉 22퍼센트 정도가 스페셜티 커피를 생산한다. 커피 경작지를 기준으로 보면 약 40퍼센트에서 스페셜티 커피가 생산되는 셈이다. 스페셜티 커피의 최대 생산지는 우일라 주로, 이곳에서 콜롬비아 스페셜티 커피의 72퍼센트가 나온다. 우일라에서는 카투라 품종과 콜롬비아 품종이 각각 25퍼센트씩 재배되고, 나머지 품종 50퍼센트는 카스티요(Castillo), 탐보(Tambo), 헤네랄(General), 세니카페 1(Cenicafe1), 게이샤(Geisha), 부르봉(Bourbon) 등이다. 커피 경작지가 1헥타르 미만인 영세농이 많은 나리뇨 주도 스페셜티 커피의 주요 생산지다. 그곳에서는 카스티야가 주 품종이지만 부르봉, 게이샤도 재배된다. 콜롬비아 커피생산자협회는 커피 경작자들에게 생산성이 높고, 병충해에 강하며,

맛과 풍미가 좋고, 수확이 용이한 품종을 추천한다. 특히 커피 녹병에 강한 카스티요 품종의 재배를 장려한다.

콜롬비아의 총 커피 수출에서 스페셜티 커피가 차지하는 비중은 2000-2001년에 2-5퍼센트였으나, 2015-2016년에는 23-24퍼센트로 확대되었다. 수출되는 스페셜티 커피의 57퍼센트는 지속가능한 커피고, 27퍼센트는 기술혁신을 통해 생산된 커피이며, 나머지 16퍼센트는 원산지 커피였다. 고품질·고가격 커피에 대한 수요는 특별한 생산지, 생산 농장, 커피 경작자에 대한 교육, 특별한 커피 품종, 생산자와 주문자 간의 직접적인 관계, 혁신적인 물류 방식, 생산자와 소비자 간의 투명한 소통 등을 통해 창출된다.

나리뇨 주 커피가 스페셜티 커피로 좋은 평가를 받고 독특한 풍미를 지니게 되는 이유가 있다. 나리뇨 주에서는 고도 1,800-2,200미터에 이르는 산지 계곡의 경사면에서 커피가 재배된다. 계곡의 골바람이 만드는 미세기후(microclima)의 영향으로 커피 열매가 영그는 시간이 2주 정도 길어짐으로써 커피 열매에 당도와 풍미가 더해진다.

[사진 12] 커피나무 곁가지 마디에 맺히는 커피 열매.(출처: pxhere.com)

콜롬비아의 커피 삼각지대라고 알려진 '에헤 카페테로(Eje cafetero: '커피 생산 중심축'이라는 의미)'에 속하는 리사랄다(Risaralda) 주에서는 세니카페 1, 카스티요, 로사리오 품종이 주로 재배되고, 이들 품종을 블렌딩한 상품이 판매된다. 2021년 8월에 콜롬비아의 이반 두케(Iván Duque) 대통령이 국빈 자격으로 한국을 방문했을 때 한국에서 콜롬비아 스페셜티 커피 시음회가 개최되어 3종류의 커피를 제공했다. 노르테 데 산탄데르(Norte de Santander) 주에서 생산된 티피카 품종의 '모틸론(Motilón)', 나리뇨 주에서 생산된 카스티요 품종과 카투라 품종을 혼합한 '아스프로우니온(Asprounión)', 그리고 노르테 데 산탄데르 주의 '엘 로블레' 농장에서 생산된 게이샤 품종의 '도밍고 토레스(Domingo Torrés)'였다.

콜롬비아 커피생산자협회의 로베르토 벨레스 바예호 회장은 스페셜티 커피의 수요가 급증함에 따라 고품질 '싱글 오리진 크래프트(Single origin craft)' 커피의 생산 및 가공에 주력해 한국인의 특별한 요구에 부응하겠다는 포부를 밝혔다. 참고로 '싱글 오리진'은 단일한 원산지를 가리키고 '크래프트'는 '공예'를 의미한다.

5. 체리에서 페르가미노 커피가 되기까지

일반적으로 커피 열매는 처음에 푸른색이었다가 노란색으로 변하고, 무르익어 수확할 무렵이 되면 붉은색이 된다. 붉은색의 커피 열매는 체리(버찌)와 흡사하기 때문에 붉은 커피 열매를 보통 체리라고 부른다. 그런데 성숙한 커피 열매가 모두 붉지는 않다. 부르봉 품종에서 나온 부르봉 아마리요(amarillo)는 노란색 열매를 수확한다. 카투라 품종인 카투라 아마리야 역시 열매가 성숙하면 노란색이 된다.

[사진 13] 핸드 피킹으로 수확한 커피 체리.(출처: 저자 촬영)

　중남미 커피 농장의 인부들은 보통 밀짚모자를 쓰거나 스카프를 두르고 허리에 바구니를 찬 채 익은 커피 열매를 하나하나 손으로 따낸다. 한 손으로 나무 윗가지를 끌어당겨 휘어지게 한 다음에 다른 손으로 열매를 따는 것이다. 이를 핸드 피킹(hand picking)이라고 한다. 커피 열매는 동일한 나무에 열리더라도 각각 성숙 속도가 다르다. 따라서 품종별로 차이가 있지만 보통은 1년에 10회 정도 수확을 한다. 핸드 피킹으로 수확할 경우 균일한 품질의 커피를 얻을 수 있지만 노임이 많이 나간다.

　스트리핑(stripping) 방법도 있다. 핸드 피킹처럼 수작업으로 이루어지는데, 나뭇가지에 달린 모든 열매를 손으로 훑어서 따기 때문에 균일한 품질이 보장되지 않는다. 이 경우에 익지 않은 열매도 떨어지고 이물질도 섞이게 되는데, 이물질이 섞이지 않도록 바닥에 천을 깔기도 한다. 기계로 나무를 흔들어 따는 기계 수확도 있다. 이는 평지에서만 가능하다. 콜롬비아처럼 경사지에 커피나무를 재배할 경우에는 이 방법을 사용하지 못한다.

[사진 14] 허니 커피를 만들기 위해 건조한 페르가미노 커피.(출처: 저자 촬영)

커피 농장의 인부들은 수확한 커피의 무게에 따라 임금을 받는다. 콜롬비아에서는 보통 1주일에 한 번 임금을 지불하는 것이 관례지만 커피 수확이 적은 철에는 매일 지불하기도 한다. 숙련된 인부는 보통 하루에 50킬로그램 정도를 수확해 20달러 내외의 임금을 받는다. 무더위 속에서 가파른 경사지를 오르내리며 하루 종일 일을 하고 받는 노임치고는 썩 큰 액수가 아니다. 10여 년 전의 이야기지만 중미 지역에서는 숙련된 인부가 하루에 10바구니의 커피를 수확하고 바구니당 약 1달러의 임금을 받았다고 한다. 현재 콜롬비아를 포함해 중남미의 커피 생산 지역 농촌에는 노동력이 부족하다. 영세 농장주는 가족 노동력을 이용하지만 경작지가 넓을 경우에 인부를 구하기 위해 전전긍긍한다.

커피 열매를 가공하는 방법은 건식법(dried process)과 습식법(washed process)이 있다. 건식법(dried process)은 자연 건조 방식(natural)이다. 수확한 열매를 그대로 건조한 뒤에 외피와 과육을 벗겨 페르가미노 커피를 생산한다. 물을 사용하지 않는 만큼 과정이 단순하고 생산 원가가 적게 든다. 반면에 습식법은 커피 체리의 과육을 데스풀파도라(despulpadora: 영어로는 pulper라고 부른

[사진 15] 체리에서 과육을 벗겨내는 데스풀파도라 시설.(출처: 저자 촬영)

다)로 제거하고 점액질이 붙어 있는 커피콩을 일정 기간 발효시켜 물로 씻어 낸 뒤에 건조해서 페르가미노 커피를 생산한다.

반수세식(semi-washed) 방법도 있다. 커피 체리에서 데스풀파도라를 통해 과육을 제거한 다음 점액질이 붙어 있는 커피콩을 그대로 건조시키는 것이다. 이를 허니(honey) 프로세스라고도 한다. 허니 프로세스를 거친 페르가미노 커피는 과육의 일부가 말라붙어 알록달록하다. 콜롬비아에서는 습식법을 사용해 페르가미노 커피를 생산한다. 습식법을 적용하기 위해서는 많은 물이 필요하기 때문에 물이 부족한 곳에서는 비용이 많이 든다.

콜롬비아 커피 산지의 대부분은 강수량이 많지만 안데스 산맥의 고산지에서 내려오는 눈 녹은 물도 풍부하다. 일부 커피 재배지에서는 농장보다 고도가 높은 곳에 저수지를 만들고 눈 녹은 물이나 우기에 고인 빗물을 저장했다가 중력을 이용해 고무호수로 물을 끌어와 관개도 하고 커피 가공에 사용한다. 이렇듯 콜롬비아에서 생산되는 농산물 중에 커피가 가장 많은 물을 소비한다. 커피에 이어 물을 많이 소비하는 농산물은 옥수수, 쌀, 플라타노, 사탕수수 순이다.

앞에서 언급한 습식법은 구체적으로 다음과 같다. 수확한 커피 열매는 보통 물에 담가 불순물을 씻어 내고 덜 익은 열매, 벌레가 먹거나 흠결이 있는 열매를 골라낸다. 그 과정을 거친 후 데스풀파도라를 통해 과육을 제거하는 공정을 거친다. 커피 열매는 40퍼센트가 과육인데, 수확한 날에 과육을 제거해야 한다. 수확 후 6시간이 지나 과육을 제거하는 것이 가장 좋다. 그렇지 않을 경우에는 과육이 붙어 있는 채로 1차 발효 과정에 돌입하게 되어 맛이 변하고, 결국에는 좋은 등급을 받지 못한다. 체리의 크기가 작아 데스풀파도라에서 과육이 제거되지 않을 경우에는 작은 데스풀파도라인 레파사도라(repasadora)에 다시 한 번 통과시켜 과육을 제거한다.

과육이 제거되어 끈적끈적한 점액질로 뒤덮여 있는 커피 열매를 스테인리스나 플라스틱으로 만든 발효통에 넣어 12-18시간 정도 발효한다. 발효 시간은 커피의 질에 결정적인 영향을 미치는데, 점액질의 양이나 커피 열매의 성숙도에 따라 시간을 조정한다. 발효 시간이 너무 길어지면 커피에

[사진 16] 플라스틱 통에서 발효 중인 커피.(출처: 저자 촬영)

얼룩이 지고 무게가 줄어들며 식초 맛이 나거나 썩은 것 같은 악취를 풍긴다. 추운 지역의 경우에는 더 오랜 시간 발효를 한다. 수확 시간 또는 생산 지역이 다른 커피 열매를 함께 섞어 발효하지 않아야 한다. 커피 열매의 특성이 각각 달라 민감하게 반응하기 때문이다.

커피콩에 붙어 있는 점액질이 발효 과정에서 화학적으로 분해되기 때문에 발효가 끝나면 물로 세척해 제거한다. 세척은 보통 발효통의 물을 3회 정도 바꾸어 가며 시행한다. 세척이 완전하게 이루어지지 않을 경우 2차 발효를 하게 되는데, 이런 경우에는 커피콩의 건조 시간이 길어질 뿐만 아니라 얼룩이 지고 맛도 변한다. 세척에 사용된 물은 당분이 섞여 있어 강이나 하천을 오염시키므로 정화조에서 처리해 방류한다. 오수의 처리는 항상 환경 담당 기관의 감시 대상인데, 첫 번째 세척에 사용된 물은 많은 영양분을 함유하고 있어서 지렁이 먹이로도 사용된다는 점이 특이하다.

세척 과정이 끝나면 건조 과정이 시작된다. 보통의 커피 농가에서는 마당에 커피를 말리거나 난로가 설치된 인공 건조 시설을 사용하고, 이 두 가지 방법을 병용하기도 한다. 페르가미노 커피는 주변의 습기뿐만 아니라 접촉하는 물건의 색을 흡수하는 성질이 있기 때문에 주의를 요한다. 자연 건조가 가장 바람직하나 대량 생산이나 대량 가공의 경우에는 인공 시설을 사용할 수밖에 없다. 인공 건조에는 원통 모양의 건조기 구아르디올라 (guardiola)를 사용하기도 한다. 통 안에 생두를 넣어 돌리면서 더운 바람을 불어넣는 시설이다.

균일하게 건조하기 위해서는 페르가미노 커피를 높이 3센티미터 정도로 얇게 깔고 하루에 3-4회 정도 갈퀴로 뒤적거려 주어야 한다. 생두의 수분 함유량은 10-12퍼센트 정도가 이상적이기 때문에 수분 함유량이 12퍼센트 이하가 될 때까지 건조한다. 제대로 건조된 경우에는 엄지와 검지로 비비면 얇은 막이 부스러져 떨어지고 녹색의 원두가 남는다.

[사진 17] 페르가미노 커피 세척 과정.(출처: Perfect Daily Grind)

[사진 18] 페르가미노 커피의 자연 건조.(출처: Café de Colombia)

[사진 19] 페르가미노 커피 건조 시설.(출처: 저자 촬영)

커피 경작자는 건조된 페르가미노 생두를 60킬로그램짜리 마대에 넣어 커피조합이나 수출업자에게 판매한다. 페르가미노 생두를 창고에 보관할 때도 많은 주의가 필요하다. 습한 곳에 보관하면 커피에 얼룩이 지거나 싹이 트기도 한다. 그럴 경우에 트리야도라를 통해 생두의 껍질을 벗겨보면 윤기가 없고, 심하면 커피의 향과 맛도 변질되어 있다. 당연히 좋은 평가를 받지 못하고, 구매자에게 가격을 깎게 하는 빌미를 주게 된다. 페르가미노 커피가 충분히 건조되지 않을 경우에 구매자가 다시 건조하는 데 비용이 들기 때문인데, 물론 그 비용은 결국 커피 생산자에게 전가된다.

4장
콜롬비아 커피 산업의 생태 경제학

1. 콜롬비아 커피 산업의 개요

오랜 기간 콜롬비아 국민의 생계에 큰 도움이 되어 온 커피 산업이 콜롬비아의 경제, 수출, 농업에서 차지하는 비중은 매우 크다. 게다가 커피는 내전으로 인해 거의 '실패 국가(failed state)'로까지 실추된 국가의 이미지를 제고하는 데 큰 역할을 하고 있다. 그래서 콜롬비아에서는 커피를 문화이며 예술인 동시에 생활방식이며 열정이라고 한다. 커피 산업에는 콜롬비아 사람들의 영혼이 깃들어 있는데, 커피 산업을 콜롬비아 커피생산자협회가 좌지우지하고 있다.

콜롬비아에서 커피는 초기부터 수출품으로 생산되었고, 커피 수출로 대외 무역수지는 거의 매년 흑자를 기록했다. 1860년대까지는 커피 수출이 전체 수출의 20퍼센트 정도를 점유했다. 1900년대 초에는 약 40퍼센트로 늘고, 제1차 세계대전 발발 직전에는 54퍼센트까지 확대되었으며, 1929년의 대공황 발생 당시에는 69퍼센트까지 치솟았다. 1950년대에는 커피의 수출 비중이 80.2퍼센트에 이르렀다. 석유와 석탄이 주요 수출품으로 대두되기 전까지는 커피가 명실상부한 제1위의 수출품이었던 것이다. 현재 콜롬비아는 브라질과 베트남에 이어 제3위 커피 생산국인데, 마일드 커피만을 기준으로 보면 제1위 커피 생산국이다. GDP에서 차지하는 비중도 상당했다. 1950년대의 경우 커피 산업은 전체 GDP에서 약 10퍼센트를 차지했다. 1990년대에는 각각 4.4퍼센트로 낮아졌고 지금은 더욱 감소했지만 경제와 사회에서 커피 산업의 영화는 사라지지 않고 있다.

콜롬비아는 연간 1,200-1,400만 포대(포대당 60킬로그램)의 커피를 생산해 99퍼센트를 수출한다. 2021년도 생산 감축에는 2021년 2/4분기에 발생한 시위대의 도로 봉쇄와 일부 커피 생산지의 기후변화가 영향을 미쳤다. 그런데도 2021년의 커피 가격은 아라비카 품종의 경우 파운드당 2달러가 넘

[사진 1] 콜롬비아 커피생산자협회(FNC) 건물의 현판.(출처: FNC)

어 2014년 이후 최고 가격을 기록했다. 기후변화로 인해 브라질의 커피 생산이 타격을 입었기 때문이다. 옆 나라의 불행이 행운을 가져다준 사례라고 할 수 있다.

콜롬비아에서 커피 농사가 농업에서 차지하는 비중이 1970년대에는 25퍼센트였으나 2021년도에는 15퍼센트 정도로 축소되었음에도 현재 커피 산업에 직·간접적으로 고용된 인구가 250만 명이나 된다. 콜롬비아에서 커피는 현재 제4위의 수출 품목이다. 2020년의 경우, 원유 87억 달러, 석탄 41억 달러, 커피 26억 달러, 금 29억 달러, 절화(折花) 15억 달러에 달했다. 참고로 2020년에 콜롬비아에 유입된 외국인직접투자(FDI)는 67억 달러, 해외 거주 국민이 보낸 외화송금액은 69억 달러를 기록했다.

과거 콜롬비아의 주요 커피 생산지는 킨디오(Quindio), 리사랄다, 칼다스 주였고, 따라서 이 3개 주를 중심으로 주변 지역을 '에헤 카페테로(Eje cafetero)', 즉 '커피 생산 중심축'이라고 부른다. 물론 콜롬비아에 커피가 이전된 19세기에는 베네수엘라와 맞닿은 산탄데르와 노르테 데 산탄데르 주가 커피 주산지였는데, 지금은 사정이 많이 달라졌다. 남부의 우일라, 톨리마, 카우카, 나리뇨 주가 주요 커피 산지로 떠올랐다. 2020년의 통계로 이 4개 주가 콜롬비아 커피 생산량의 49퍼센트를 차지했다. 반면에 과거 커피 주산지였던 킨디오, 리사랄다 및 칼다스 3개 주의 생산량은 13.3퍼센트에 그쳤다.

현재 커피의 주 생산지가 우일라, 나리뇨 등 남쪽 지방으로 옮겨가는 추세다. 이 현상은 수십 년 전부터 계속되어 왔다. 땅값과 인건비 때문이다. 많은 커피 경작자가 중부 지방에서 남부 지방으로 내려갔다. 반면에, 킨디오 주 등 중부 지방 커피 경작자들은 다른 데로 눈을 돌리고 있다. 커피 경작자들이 커피 재배지를 줄여 에코 관광지로 활용하고 있는 것이다. 남부 지방의 우일라 주와 나리뇨 주의 커피 산업은 지금도 계속해서 확대 중이다.

따라서 세간에서는 신흥 커피 산지 4개 주(우일라, 톨리마, 카우카 및 나리뇨)를 '새로운 에헤 카페테로(Nuevo eje cafetero)' 또는 '도시 에헤 카페테로(Eje cafetero de la ciudad)'라고 부르기도 한다. 2020년의 도시별 커피 생산량 통계에서 우일라 주의 피탈리토(Pitalito)가 부동의 1위를 차지했다. 우일라 주의 5개 도시, 즉, 피탈리토, 아세베도(Acevedo), 라 플라타(La plata), 가르손(Garzón), 수아사(Suaza)가 10위 안에 들었다. 이밖에 10위권 도시에는 톨리마 주와 안티오키아 주의 도시가 각 2개, 카우카 주의 도시가 1개 포함되었다.

2. 콜롬비아 최대의 커피 산지 우일라

콜롬비아 남서부의 중앙산맥과 동부산맥으로 둘러싸인 막달레나 강이 발원하는 지역인 우일라 주는 콜롬비아 최대의 커피 생산지다. 2022년에는 콜롬비아 전체 커피 생산량의 18.13퍼센트를 차지했다. 12년 연속 1등이다. 우일라 주에 이어 안티오키아 주가 14.82퍼센트, 톨리마 주가 12.61퍼센트, 카우카 주가 11.02퍼센트를 차지했다. 우일라 주의 커피 농가는 커피 가격 상승에 따라 약 2조 5,000억 페소(약 6억 달러)의 수입을 올렸다. 우일라 주의 커피 경작자들은 제도적인 지원을 통해 계속해서 혁신을 시도하면서 새로운 재배 기술을 도입하고 있다. 이렇게 콜롬비아 최대의 커피 생산지인 우일라 주는 에헤 카페테로의 '심장'이 되었는데, 콜롬비아 커피생산자협회 우일라 지부(Comité)의 책임자는 커피를 통해 우일라가 세계와 연결되고 있다고 평가한다.

우일라 주의 인구 115만 명 중 33만 명이 커피에 의존해 살아간다. 총 83,000여 개의 커피 농가가 있는데, 농가의 96퍼센트가 4헥타르 미만의 영세농이다. 총 경작 면적은 14만 헥타르로, 전국 커피 경작지의 17퍼센트를 차지하고, 250여만 포대의 커피가 생산된다. 1헥타르당 22포대의 커피를 생산하는 셈이다. 2014년의 헥타르당 14포대에 비하면 생산성 향상 추세가 뚜렷하다. 경작자들은 헥타르당 커피나무의 숫자를 5,300그루에서 7,000그루로 확대해 밀집도를 25퍼센트 늘리고, 기존의 커피나무를 커피 녹병에 강한 품종으로 바꾸는 데 노력을 기울였다. 2014년에는 커피 녹병에 내성을 지닌 품종의 재배가 54퍼센트 정도였으나 2018년에는 68퍼센트로 확대되었고, 이로 인해 우일라 주가 다른 생산지에 비해 생산성이 높아졌다고 한다. 커피 산업은 우일라 주 농업 생산의 58퍼센트, 우일라 국민총생산(PIB)의 8.8퍼센트를 차지하는 경제의 중심축이다.

우일라 주에서는 1963년에 설립된 카데피우일라(Cadefihuila)라는 커피조합이 50개의 커피 구매소와 46개의 농자재 판매소를 운영한다. 커피조합은 남부 지역의 피탈리토와 서부 지역의 라 플라타에 지역사무소를 두고 있다. 안데스산맥의 중앙산맥과 동부산맥의 중간에 위치한 우일라 주는 산지에 발달한 소기후를 활용해 스페셜티 커피 재배를 장려하고 있다. 커피 경작자들은 재배, 수확, 수확 후 관리에 새로운 기술을 도입해 커피의 질을 향상시켜 오고, 주 정부는 다양한 커피 경진대회를 개최해 경쟁 분위기를 제고하는 동시에 인센티브도 제공한다.

3. 불안정한 커피 생산량과 생산성

콜롬비아는 현재 브라질 및 베트남에 이어 세계 3위의 커피 생산국이다. 1950년대부터 1976년까지는 매년 500-800만 포대를 생산하고, 1977년부터는 1천만 포대 이상을 생산했는데, 1999년과 2009-2012년에는 일시적으로 1천만 포대 이하로 생산량이 감축했다. 최고 생산량을 기록한 해는 1991년과 1992년으로 1,600만 포대를 넘었다. 2014년부터 2021년까지는 1,200-1,400만 포대 수준을 기록하고 있다. 연간 생산량뿐만 아니라 생산성도 들쑥날쑥했다. 1헥타르당 커피 생산량이 1990년에는 14.4포대였으나 2011년에는 8.5포대였다. 생산량과 생산성이 감소되거나 가변적인 이유는 여러 가지가 있다.

첫째는 기후다. 세계가 기후변화로 몸살을 앓고 있는데, 기후변화는 특히 개도국과 가난한 사람들에게 피해를 준다. 기후변화로 우기가 길어지면서 영세 커피 농가에 많은 피해가 발생했다. 2022년 초에도 라 니냐(La Niña) 현상이 발생하면서 전년 동기에 비해 커피 생산이 감소되었다. 기후변화는 세계 도처에서 목격된다. 우리나라에서도 사과 생산지가 북상하고, 한반도 주변 해역에 열대 물고기가 출현한다. 아르헨티나의 포도 생산지도 점차 남쪽 파타고니아 지방으로 내려가고 있다. 콜롬비아의 커피 생산지도

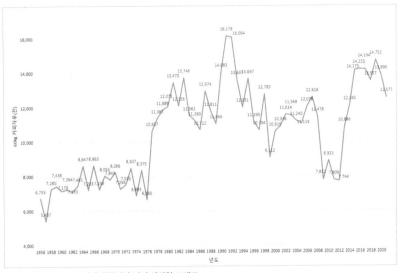

[그림 1] 1956-2020 기간 콜롬비아 커피 생산량 그래프.

2,000미터 고도 이상으로 올라가고 있다.

둘째, 병충해 피해 확대다. 그중에서도 커피 녹병균 또는 로야라는 곰팡이가 유발하는 피해가 가장 크다. 19세기 후반에 커피 녹병은 스리랑카, 인도네시아 일대의 플랜테이션을 궤멸시켰다. 그 이유로 인해 커피 산지가 중남미로 이전되었다. 아이러니하게도 중남미가 세계 커피 산지가 된 것은 커피 녹병 덕분이다. 그러나 로야 곰팡이는 중남미 지역의 커피 농가들도 가만두지 않았다. 단일작물 재배는 병충해에 취약하다. 인간이 자연의 섭리를 거슬러 한 작물을 밀집 재배한 것이 화근이다.

커피 녹병은 전염성이 매우 높아 '커피 농가의 구제역'이라고 부른다. 1992년에는 브로카(broca)라는 벌레가 6만 헥타르의 콜롬비아 커피 경작지에 막대한 피해를 끼쳤다. 따라서 커피 생산량이 전년도에 비해 300만 포대나 감축되었다. 이 벌레는 커피 열매를 파고들어가 거주하기 때문에 퇴치가 어렵다. 살충제, 제초제 등 농약이 발달되어 병충해를 막기도 하지만,

벌레나 바이러스도 쉽게 내성을 습득하며, 과도한 농약 사용은 환경 문제를 야기한다.

셋째, 커피나무의 노후화다. 콜롬비아에서는 노후화된 커피나무를 생산성이 높고 병충해에 강한 품종으로 교체하기 위한 작업이 진행되고 있다. 매년 10퍼센트 정도의 경작지를 젊은 나무로 교체하는데, 커피나무 교체와 더불어 생산성 향상 차원에서 밀집 재배를 확대하고 있다. 콜롬비아 커피 연구소 세니카페는 1헥타르당 최소 6,000그루의 커피나무를 입식할 것을 권고한다.

넷째, 규제의 강화다. 콜롬비아에서는 손으로 수확하고 분류된 엑셀소 커피만 수출이 가능하다. 커피나무 전염병에 대한 검역 규제도 강화되고 있다. 양질의 커피를 생산하고 품질을 높이기 위해서는 투자가 필요하다. 좋은 품종의 묘목을 심어야 하고, 좋은 성능을 가진 데스풀파도라(과육 채취기), 발효 시설 및 건조 시설을 설치해야 하며, 비료와 농약도 적시에 쳐야 한다. 이런 규제가 영세 경작자들에게는 큰 부담이기 때문에 완화해야 한다는 것이다.

다섯째, 농가당 평균 커피 경작지가 점점 줄어들어 가족을 부양할 정도의 소득이 보장되지 않는 것이다. 커피가 중남미에 처음으로 도입되었을 당시에는 대형 농장인 라티푼디오(latifundio)가 발달해 원주민이나 노예의 노동력을 활용한 대량 재배가 이루어지기도 했다. 하지만 세월이 흐르면서 토지 정책의 변화와 더불어 인구가 늘어나고 커피 경작지가 다수의 자녀에게 대물림되면서 농가별 경작 면적이 계속 줄어들었다. 커피 생산 초기에 콜롬비아에도 대형 커피 농장이 없었던 것은 아니나 소형 농장(minifundio)이 커피 생산에서 중심 역할을 하게 된 것이다.

여섯째, 농촌 인구의 노령화와 노동력 부족 현상이다. 커피 농가들이 가족을 부양할 만한 소득을 확보하지 못하자 젊은이들이 농촌을 이탈했다.

남아 있는 커피 경작자들이 노령화되면서 노동력 부족이 더욱 심화되었다. 이는 산업화 과정에서 발생하는 공통 현상이기도 하다.

코스타리카의 경우는 노동력 부족을 해결하기 위해 커피 수확철이 되면 이웃나라 니카라과의 계절노동자를 받아들인다. 미국도 마찬가지다. 남부 농업지대에서는 추수철이 다가오면 중남미 불법 이민자들 단속을 의도적으로 느슨하게 한다. 그들이 없으면 추수가 불가능하기 때문이다.

일곱째로, 낮은 커피 가격과 커피 가격의 부침이다. 커피 가격이 낮다 보니 커피 농사를 포기하는 농가가 증가하고 있다. 생산량과 소비량의 변화에 따라, 그리고 메이저 커피 생산업자들의 농간에 따라 가격의 등락이 심하다. 어느 커피 생산국에서 역병, 가뭄, 폭우 등이 발생하면 당장 커피 가격이 요동친다. 따라서 영세 커피 농가의 소득이 불안정하다. 그러다 보니 콜롬비아에서는 커피 농가들이 커피 대신에 마약 작물인 코카를 재배한다. 마피아나 반정부 무장 단체가 커피 경작자들에게 코카 재배를 강요하기도 한다. 코카나무는 1년에 4회 이상 수확이 가능하고, 코카 잎의 수요 또한 늘 있으며, 커피에 비해 훨씬 고가에 팔리기 때문에 고소득이 보장된다. 정부가 카카오, 바나나 등 대체 작물 재배를 권고하고 보조금도 지급하지만 가난한 농민들이 코카 재배의 유혹을 떨치기가 쉽지 않다.

1962년에 국제커피협정(ICA)이 체결되고 국제커피기구(ICO)가 설립되었다. 이 기구에 커피 생산국과 소비국이 참여했는데, 수출국에는 할당량이 정해지고, 수입국은 국제커피기구의 회원국으로부터만 커피를 수입하도록 했다. 일본은 '신 시장국'이라는 소비국 카테고리로 1964년에 이 기구에 참여했다. 이 체제하에서 미국의 우방인 콜롬비아는 브라질에 이어 주요 커피 생산국으로 부상했다. 그러나 생산국과 소비국 간의 갈등, 수출 쿼터 이상의 잉여분 처리 문제로 1989년 이 시스템이 파기되면서 커피 산업에 자유 경쟁 체제가 들어섰다. 따라서 커피 생산국들이 각자 자국의 커피 산업

[사진 2] 가난한 농민들이 산속에서 몰래 재배하는 코카나무.(출처: University of Reading)

에 대한 보호를 강화함으로써 경쟁이 치열해졌다. 세계 최대 커피 생산국인 브라질은 기계화를 통해 대량 생산을 하면서 경쟁력을 키웠다. 밀집 재배, 비료 사용 확대, 관개 시스템 도입 등으로 1헥타르당 생산량을 9-10포대에서 17-18포대로 증가시켰다. 브라질에서는 중대형 농장이 커피 생산의 70퍼센트를 점유하고, 소규모 농장이 30퍼센트를 생산한다. 브라질에서는 20헥타르 미만의 경작지를 보유한 농장을 소규모 농장이라고 한다. 4헥타르 미만의 커피농이 대부분인 콜롬비아와는 커피 재배 환경이 사뭇 다르다.

베트남은 1989년에 경제 개방 정책을 시작하면서 가격 통제를 폐지하고 변동 환율제를 채택했으며 농업의 탈집단화(de-collectivization)를 실시했다. 자국 경제를 국제 경제 시스템에 통합시키면서 외국인 투자를 받아들이기 시작했다. 그러자 경제가 매년 7-8퍼센트씩 성장하게 되고 수출도 매년 25퍼센트 이상씩 늘어났다. 투자 여력이 생기자 커피 생산도 확대되었다. 정부는 농민들과 장기 토지 임대 계약을 체결했고, 농민들은 1-2헥타르에서 노동집약적인 생산을 했다. 관개 시설 등 인프라도 개선되었고, 정부는 커피 경작자들에게 보조금도 지급했다. 저임금과 환율 인상도 커피 생산 증대에 우호적으로 작용했다. 1990년대 초에 100만 포대였던 커피 생산량이 1,300만 포대로 늘어났다. 세계 주요 커피 기업들이 혼합 커피 생산을 위해 로부스타 커피의 수입을 늘리자, 베트남이 생산하는 로부스타 커피에 대한 수요가 증가했다.

브라질의 약진과 베트남의 등장으로 콜롬비아 커피 산업의 경쟁력이 약화되자 콜롬비아 일각에서는 경쟁력 강화를 위해 로부스타 커피를 재배해야 한다는 주장이 나왔고, 지금도 그 같은 주장을 하는 사람들이 있다. 그러나 콜롬비아 커피 산업의 최대 터줏대감인 커피생산자협회는 꿈쩍도 하지 않고 있다. 로부스타 품종의 도입이 콜롬비아 커피의 품질 저하를 초래한다는 것이다.

4. 커피 녹병과 병충해

커피나무의 잎사귀에 번져서 광합성 계통을 파괴하는 커피 녹병 로야는 커피 경작에 막대한 피해를 야기하는 곰팡이로 악명이 높다. 광합성 채널에 문제가 생긴 커피나무는 정상적인 물질대사를 못함으로써 성장하고 열매를 맺는 데 필요한 영양소를 충분히 만들 수 없게 되기 때문이다. 커피나무가 녹병에 걸리면 죽을 확률이 거의 100퍼센트에 이른다.

19세기 후반에 커피 녹병이 스리랑카와 인도네시아를 덮쳤고, 엄청난 피해를 입은 스리랑카는 커피 재배를 포기하고, 인도네시아는 커피나무를 커피 녹병에 강한 로부스타 품종으로 교체했다. 이 역병은 한 세기가 지나

브라질에서 발생했고, 1970년대 후반에는 중남미 전역으로 확대되었다. 특히 로야는 중미 지역 커피 농장의 70퍼센트를 감염시켜 30억 달러 이상의 피해를 입혔다.

커피나무가 로야에 감염되면 잎사귀 뒷면에서 노란 가루가 발견된다. 잎사귀에 녹색 반점이 생기면서 타들어 가다가 결국에는 잎사귀가 떨어진다. 커피 재배 지역에 녹병이 심해지면 생산량이 23퍼센트까지 감축된다. 콜롬비아에서는 8월부터 이듬해 3월까지 커피나무를 잘 살펴야 한다. 잎사귀가 이유 없이 떨어지면 일단 녹병을 의심해야 한다. 로야는 수령이 오래된 나무, 영양분이 고갈되어 열매 생산이 적은 나무를 집중적으로 공격하는데, 습도가 높고 일조량이 적으며 날씨가 선선하면 더욱 확산된다. 일단 커피 녹병이 생기면 여러 차례 농약을 살포해도 퇴치가 어렵다. 기존의 농약에 내성이 생겼기 때문이다.

커피 녹병을 방지하기 위해서는 로야 곰팡이에 강한 카스티요, 콜롬비아, 타비, 세니카페 1 같은 품종을 선택해야 한다. 콜롬비아 커피연구소 세니카페도 커피 경작자들에게 이를 강력하게 권고한다. 세니카페는 카스티요 품종을 더욱 세분화해 각 지역에 맞는 품종을 만들었다. 즉 카스티요의 경우 북부 지방 카스티요, 중부 지방 카스티요, 남부 지방 카스티요의 씨앗을 각각 만들어 제공하고 있다. 일반적으로 부르봉, 티피카, 마라고지페, 카투라 품종은 로야에 취약하다.

곰팡이 살균제의 살포도 중요하다. 파파야 잎사귀로 만든 용액을 살포하는 것도 효과가 있다. 로야가 침투하더라도 커피나무가 충분한 영양 공급을 받아 건강하면 피해가 어느 정도는 줄어든다. 사람이 영양 공급을 잘 받고 충분한 휴식을 취하면 감기에 덜 걸리는 것과 같은 이치다. 커피 녹병을 방지하기 위해서는 비료와 석회를 주기적으로 뿌려주는 것이 좋다. 커피나무 사이의 간격을 조절하고, 가지 치기를 하며 그늘을 만들어 주면 로야의

[사진 3] 로야 곰팡이에 감염된 잎사귀 뒷면.(출처: 위키피디아)

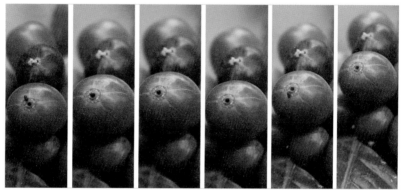

[사진 4] 브로카가 커피 열매에 들어가고 나가는 모습.(출처: 위키피디아)

영향을 덜 받는다. 다른 병충해를 방지하고 커피나무 주변의 잡초도 잘 제거해야 한다.

　포르투갈의 지배를 받던 동티모르에서 1927년에 변종 커피나무가 발견되었다. 그 나무가 발견된 농장에서는 아라비카 종과 로부스타 종을 혼합 재배하고 있었는데, 우연히 염색체가 아라비카와 같이 44개인 변종이 태어난 것이다. 아라비카는 염색체가 44개, 로부스타는 22개라서 둘 사이에서 태어난 보통의 변종이라면 33개의 염색체를 가지고 있어야 하나 돌연변이가 생긴 것이다. 이 품종을 '하이브리드 티모르'로 명명했다. 이 교배종 커피나무가 44개의 염색체를 보유하고 있었기 때문에 44개의 염색체를 가진 아라비카와 교배해 씨앗을 맺는 새로운 품종을 개발할 수 있었다. 연구를 통해 '카티모르(Catimor)'와 '사치모르(Sarchimor)' 품종이 나왔고, 콜롬비아와 중미 국가들은 이 2개의 품종을 토대로 커피 녹병에 저항할 수 있는 품종들을 개발해 낼 수 있었다.

해충의 피해도 크다. 커피나무에 붙어 사는 벌레들은 종류가 다양하다. 나방애벌레(Palomilla), 개각충(Escama), 선충류(Nematodo) 등은 커피나무의 뿌리를 해치고, 탈라도르(Talador), 미나도르(Minador) 등은 나뭇가지를, 그리고 코르타도르(Cortador)는 나뭇가지와 잎사귀를 동시에 공격한다. 스페인어로 탈라르(talar)나 코르타르(cortar)는 모두 '자르다'라는 의미를 지닌 동사다. 커피 경작의 역사에서 커피나무 열매를 파고 들어가는 브로카(Broca: 천공충)의 피해가 가장 크다. 검은색의 바구미 형태로, 브로치의 머리만 한 크기다.

콜롬비아에서는 1988년부터 브로카의 피해가 보고되기 시작해 커피 재배지 전역에 퍼졌다. 브로카는 커피 꽃이 핀 후 3, 4개월 뒤에 덜 익은 초록색 커피 열매를 공격하며, 일생의 거의 대부분을 커피 열매 속에 숨어있기 때문에 일반적인 살충제로 처리하기가 매우 어렵다. 따라서 커피 열매 수확 시에 브로카의 피해를 입은 열매를 잘 골라내어 처리해야 한다. 아울러 브로카의 천적인 말벌을 커피 밭에 풀어 놓거나 브로카를 죽이는 흰색곰팡이균을 퍼뜨리기도 한다. 수확 시기에 브로카를 박멸하려면 브로카가 퍼진 농장을 구별해 땅바닥에 떨어진 열매를 주워서 인공섬유로 만든 자루에 넣고 브로카가 도망가지 못하도록 자루 입구를 꼭 묶은 뒤에 처리해야 한다.

브로카 벌레는 저지대에서 재배되는 커피나무에서 더 많이 번창한다. 고지대에서는 1년에 1, 2회 알을 낳지만, 저지대에서는 수차례 알을 낳아 부화하기 때문에 피해가 막심하다. 저지대에서도 커피나무가 생육할 수 있지만 병충해가 발생하거나 생산성이 낮아 경제성이 없는 것이다.

5장
천의 얼굴을 지닌 콜롬비아 커피

1. 예수회의 커피

나리뇨(Nariño) 주의 수도인 파스토 시의 카톨릭 교구는 영세 커피농의 소득 향상을 위한 프로젝트를 시행한다. 나리뇨 주 5개 시에서 1헥타르 미만의 커피 경작지를 보유한 400여 명의 영세 경작자를 규합해 양질의 커피를 생산하고 가공해서 수출하는 것이다. 이들은 이미 127톤의 커피를 직접 수출한 실적이 있다고 한다.

파스토 시 카톨릭 교구는 민간 단체인 카톨릭 구제 서비스(Catholic Relief Services) 및 카르카페 재단(Fundación Carcafé)과 협력해 에콰도르와 인접한 국경 지대에서 커피 프로젝트(Proyecto de Café Transfronterizo)를 추진했다. 나리뇨 주의 엘 탐보(El Tambo), 차차구이(Chachagüí), 부에사코(Buesaco), 리나레스(Linares), 사마니에고(Samaniego) 시 등이 대상 지역이다. 각각의 커피 경작 농가를 직접 관찰하고 분석해 최적의 커피 경작 방법을 제시한다. 공동체의 이익을 증진시키는 데 필요한 센터들을 설립해 커피 경작자들에게 필요한 가공 기술을 제공하고, 커피 농업 협동 기업들을 설립하도록 함으로써 커피의 부가가치를 높이는 동시에 단체나 기업과의 교섭에서 불이익을 당하지 않도록 한다. 이 같은 카톨릭 교구의 노력 덕에 12개의 농업 협동 기업과 126개의 농민 단체가 탄생했다.

파스토 카톨릭 교구는 차차구이 시에 소재한 '비야 로욜라(Villa Loyola)' 농장에서 '비야 로욜라'라는 상표의 유기농 커피를 생산한다. 한마디로 말해 예수회 수도원의 커피다. 로욜라 유기농 커피는 2008년 콜롬비아 남부 지역 컵 오브 엑설런스에서 92.39점을 받아 1등을 차지했다.

'로욜라'라는 이름은 스페인의 바스크 지방 로욜라의 귀족 가문에서 태어난 기사이자 사제인 이그나시오 데 로욜라(Ignacio de Loyola, 1491-1556)에서 비롯한 것이다. 그는 1539년에 동료들과 함께 카톨릭 수도회인 예수회

[사진 1] 비야 로욜라 농장에 소속된 건물.

(Compañía de Jesús: '예수의 동반자'라는 뜻)를 설립했다. 1540년에 교황 바오로 3세에 의해 승인된 예수회의 목적은 회원 자신의 구원은 물론이거니와 모든 인류가 하느님과의 진정한 화해를 이루고 더 나아가 이웃을 포함해 모든 창조물과 화해하는 데 있다. 회원은 하느님의 더 큰 영광을 위해 봉사하는 삶을 영위해야 한다. 따라서 예수회 신부들은 인간의 영혼을 구원하는 사제였을 뿐만 아니라 철학자, 과학자, 교육가였다. 중남미 사회에 예수회가 미친 영향은 지대한데, 카톨릭 수도원이나 대학교 등의 이름으로 로욜라가 흔히 쓰인다. 한국의 서강대학교도 예수회가 설립한 대학이다.

파스토 카톨릭 교구의 농장을 '아시엔다(Hacienda)' 로욜라 또는 '핀카(Finca)' 로욜라라고 부른다. "재산이나 부동산을 주다"라는 의미의 스페인어 동사 아센다르(hacendar)에서 비롯된 명사 아시엔다는 대농장을 가리킨다. 스페인의 정복자들은 신대륙에서 여러 가지 방법으로 토지를 획득했다. 왕실로부터 하사받거나 원주민으로부터 매입하는 합법적인 방법부터 왕실 소유의 미개간 토지를 불법으로 점유하거나 원주민의 땅을 약탈하는 방법까지 아주 다양했는데, 이들이 취득한 거대한 토지에 대규모 농장이 만들어졌다. 아시엔다에서는 당시 유럽에서 인기를 끌던 커피나 사탕수수 등을 재배했다. 핀카는 요즈음에도 자주 사용되는 용어로, 시골의 작은 농장과 집 또는 휴양용으로 사용되는 여름집 등을 의미한다.

로욜라 농장의 소유주는 당초 민간인이었으나, 그가 농장을 예수회에 헌납했다고 한다. 현재는 예수회의 '수유사마 재단(Fundación Suyusama)'이 농장을 운영한다. 수유사마는 케추아어로 '아름다운 지역'을 의미한다. 이 재단은 농민과 대학생에게 직업 교육도 실시하고 있다.

로욜라 농장의 커피는 유기농 방식으로 재배되는데, 농장에서 가공하고 포장해서 예수회 소속 학교들에 공급된다. 일부는 파스토 시 커피 가게에도 공급되고 미국과 이탈리아에도 수출된다.

커피를 평가하고 가공하는 시설을 갖춘 로욜라 농장은 유기농 및 환경 혁신 센터로도 운영된다. 토양, 유기농 비료, 커피 생산성 향상, 커피 가공 기술 등에 관해 연구한다. 예수회 신부들이 콜롬비아에 처음으로 커피나무를 들여왔기 때문에 예수회 커피 농장에서 생산하는 커피에는 특별한 의미

[사진 2] 로욜라 농장의 커피.

가 있다. 특히, 19세기에 커피가 처음으로 콜롬비아에 들어왔을 당시 산탄데르 지방에서는 로메로 신부가 고해성사에서 농부들을 설득해 커피 재배를 확대시켰다. 커피나무를 도입한 예수회 신부들은 여러 커피 품종을 교배해 신품종을 만들기도 했다. 로욜라 농장에서는 그 당시에 만들어진 교배종 2개를 지금도 재배한다. 커피 한 잔을 만들기까지의 과정에서 140여 리터의 물이 소비되는데, 로욜라 농장에서는 빗물을 받아 사용한다. 커피를 로스팅할 때도 섭씨 93.2도를 유지한다고 한다. 로욜라 농장의 자연 친화적인 커피 재배법과 섬세한 가공법이 이채롭다.

2. 평화의 커피

미국국제개발처(United States Agency for International Development)는 2019년에 개최된 콜롬비아 커피 엑스포(Cafés de Colombia Expo)를 계기로 콜롬비아 커피생산자협회와 공동으로 '콜롬비아의 평화를 위한 커피(Café para la paz en Colombia) 프로젝트'를 시작했다. 반 세기에 걸쳐 이루어진 내전의 피해를 심하게 입고 불법 작물이 재배되는 지역에서 주민들에게 커피 경작과 판매를 지원함으로써 그들의 복지를 향상시킨다는 계획이다. 프로젝트의 핵심은 커피 열매의 수확 및 수확 후 관리 문제를 개선해 생산성을 향상시키고, 커피 생산자 조직을 결성해 그들의 활동을 지원하며, 그들이 생산한 커피가 국제 시장에 보다 쉽게 접근할 수 있도록 돕는 것이다. 안티오키아(Antioquia), 카케타(Caqueta), 카우카(Cauca), 메타(Meta), 볼리바르(Bolivar), 바예 데 카우카(Valle de Cauca) 등 6개 주의 34개 지역에 거주하는 커피 농가들이 지원 대상으로 정해졌다. 보고타 주재 미국대사관은 프로젝트의 일환으로 세계 커피 수입업자들이 참가하는 웨비나(Webinar)와 더불어 콜롬비아 커피 생산지 투어도

주선했다.

20세기 들어서 콜롬비아의 마일드 아라비카 커피에 대한 수요가 증가하자 콜롬비아에서 커피 생산이 급증하기 시작했다. 커피 경작지가 산간 오지로 확대되고, 한편으로는 토지 소유가 집중되어 대농장이 만들어지기도 했다. 1950년대에 결성된 반정부 무장단체들이 커피 경작지에 나타나 농민을 위협하고 토지를 강탈하면서 강제 이주가 발생했다. 1984년부터 1995년까지 이 현상이 더욱 악화되고 코카 재배와 마약 거래도 증가했다. 불법 무장단체들의 영향력이 확대되자 커피의 생산성이 떨어지고 커피 경작 농민의 복지도 악화되었다.

커피는 주로 산지에서 재배되기 때문에 무장 게릴라들이 커피 경작지를 장악하기가 용이했다. 특히 내전의 중심지였던 우일라, 나리뇨 주 등 남부 지역에서 농민이 대거 탈출해 많은 토지가 버려지고, 커피 경작지도 대폭 줄어들었으며, 커피 경작 기술이 퇴보하고, 투자도 중단되었다. 그러나 2006년 4월에 콜롬비아 정부와 맺은 평화협정을 통해 우익 민병대인 연합자위대(AUC)의 무장이 해제되고, 2016년 11월에 콜롬비아 정부와 콜롬비아무장혁명군(FARC) 간에 평화협정이 체결됨으로써 치안이 점차 회복되고 강제로 고향을 떠났던 농민들이 돌아오고 있다.

콜롬비아무장혁명군과의 평화협정이 체결된 이후 1년이 안 된 시점에 11만 명이 넘는 커피 경작자들이 내전 희생자로 등록되었다. 이는 콜롬비아 전체 커피 경작자의 20퍼센트에 이르는 숫자다. 콜롬비아 정부는 2011년에 '내전 희생자 보호 및 토지 반환법(Ley de Victimas y Restitución de Tierras)'을 제정해 희생자들에게 보상을 해오고 있다.

콜롬비아 커피생산자협회는 평화협정 체결 1주년에 내전의 중심지였던 카케타 주의 수도 플로렌시아(Florencia)에서 '화해의 커피(Café de Reconciliación)'를 출시했다. 그와 더불어 네스카페 사와 협력해 카케타 주에서 생산

[사진 3] 콜롬비아 산토스 대통령과 콜롬비아무장혁명군 대표의 평화협정 합의.

된 커피를 사용해 '평화의 여명(Aurora de Paz)'이라는 캡슐 커피도 출시했다. 2014년에 콜롬비아에 진출한 네스카페는 현재 9개 주에서 4만여 커피 농가와 협력하고 있다.

네스카페는 2003년부터 콜롬비아에서 '트리플 A 품질 유지 프로그램 (The AAA Sustainable Quality Program)'을 시행해 오고 있는데, 이 프로그램을 통해 생산을 확대하기 위해 2012년에는 8,500만 달러를 투자했다. 본 프로그램은 커피 경작 농가가 높은 생산성을 지속적으로 유지할 수 있도록 지원함으로써, 양질의 커피를 안정적으로 공급하고 사회적·환경적으로 지속가능한 발전을 이루기 위한 목적에서 추진되었다. 더 구체적으로 말하면, 첫째, 커피 경작 농민에게 지속가능한 고품질의 농업을 실천할 권한을 부여하는 것으로, 이는 본 프로그램의 핵심이다. 둘째, 기후변화와 같은 외부적인 위험에 직면해 있는 상황에서 지역 공동체와 자연경관의 보존과 유지를 위한 솔루션 구축의 촉매제 역할을 한다. 셋째, 커피 산업 분야의 광범위한 문제를 해결하기 위해 농민 단체, 학계, 지자체, 정부의 집단적인 자원을 활용한다. 네스카페는 프로그램에 참여하는 농민에게 선진 기술을 제공하고 탁월한 품질의 커피를 생산할 경우 소정의 성과급을 제공한다.

콜롬비아 정부는 무장 해제자들의 사회 편입을 돕기 위해 4,089개의 생산 프로젝트를 시행하고 있는데, 그 가운데 235개 프로젝트가 커피 생산과 관련되어 있다. 2021년에는 콜롬비아의 평화 정착을 지원하는 각종 단체의 도움을 받아 평화의 커피 생산 및 가공 과정에 종사하는 무장 해제자들이 국가커피협회(Mesa Nacional de Café)를 결성했다. 국가커피협회에는 9개 주 29개 단체의 회원 1,026명이 가입해 있다. 그들은 2021년에 평화협정 체결 5주년을 계기로 '트로피코스: 희망의 열매(Trópicos: Frutos de la Esperanza)'라는 상품을 출시했다. 이 커피는 8개 주에서 무장 해제자들이 생산한 커피를 혼합한 블렌드 커피다.

톨리마 주 남부 지역의 플라나다스(Planadas)에서도 무장 해제자들이 '세 번째 협정(El Tercer Acuerdo)'이라는 특이한 상표의 커피를 생산한다. 이 커피는 화산재로 이루어진 토양에서 생산되기 때문에 향미가 강한데, 특히 살구와 복숭아 향이 두드러진다.

첫 번째 협정은 1996년에 콜롬비아무장혁명군과 원주민 부족 나사

[사진 4] 콜롬비아 평화협정 5주년 기념으로 생산된 '트로피코스: 희망의 열매' 커피.(출처: 저자 촬영)

(Nasa)가 맺은 것이고, 두 번째 협정은 2016년에 체결된 콜롬비아 정부와 콜롬비아무장혁명군 사이의 평화협정을 의미하며, 커피 상표로 차용된 세 번째 협정은 콜롬비아에서 폭력이 완전히 사라지게 되는 미래의 협정이라고 한다. 아직 체결되지 않은 협정에 자신들의 평화에 대한 소망을 담은 것이다.

플라나다스 지역은 콜롬비아무장혁명군 21여단(Frente 21)의 본거지였기 때문에 콜롬비아무장혁명군과 전쟁을 해온 우리베 정부는 그곳을 '전략적 회복 지역(Zona estratégica de recuperación)'으로 선포했다. 수년 전만 하더라도 그 지역이 너무 위험해 아무도 들어갈 엄두를 내지 못했는데, 커피 재배를 매개로 커피 농가, 내전 피해자, 무장 해제자 사이에 화합이 이루어진 것이다. 커피와 카카오 생산자 단체인 '플라나다스 생태적 생산자 협회(ASO-PEP)'도 무장 해제자들에게 상품의 수출 및 기술 교육 등을 지원하고 있다.

우리나라도 코이카(KOICA)의 프로젝트를 통해 콜롬비아에 평화가 정착하는 것을 지원하고 있다. 우리나라와 콜롬비아의 중점 협력 분야로 지역개발, 산업개발, 교통 그리고 평화 정착이 설정되었다. 우리나라도 3년 동안 동족상잔의 6·25전쟁을 겪었고, 당시 콜롬비아가 중남미에서는 유일하게 5천 명이 넘는 전투병을 파병했던지라 콜롬비아의 평화 정착에 큰 관심을 갖고 다양한 사업을 진행하고 있는 것이다.

카우카 주에서 무장 해제자들은 커피 부산물 활용 기업인 '파스카페(Paz-cafe: '평화의 커피'라는 의미)'를 설립했다. 커피 기술 혁신 기관인 테크니카페(Tecnicafé)가 그들에게 커피 전문가 교육 과정을 제공해 커피 경작, 수확, 건조 등의 방법을 가르쳤고, 이를 통해 그들은 커피 부산물이 환경오염을 유발한다는 사실을 알게 되었다.

보통 습식 가공 커피를 생산하는 과정에서 커피 체리 과육이 강물로 유입되어 물고기를 폐사시킨다. 과육이 분해되면서 물 속의 산소를 빼앗기

[사진 5] 데스풀파도라를 통해 벗겨진 커피 체리 과육.(출처: 저자 촬영)

때문인데, 이렇게 되면 강물에서 악취가 풍긴다. 요즈음에는 과육 처리에 지렁이를 활용한다. 3개월 정도면 과육이 훌륭한 유기농 비료가 된다.

무장 해제자들은 커피 체리의 과육에 코코아, 설탕, 우유 등을 섞어 코카다(cocada), 아레키페(arequipe), 영양식 막대 과자, 시럽 등을 만든다. '파스카페'는 여성 커피 경작자 단체로부터 커피 부산물을 구입함으로써 어려운 사람끼리 상부상조하고 있다.

무장 해제자들이 유럽에서 개최되는 커피 전문가 경연대회에 출전해 입상하기도 했다. 그들은 커피를 통해 건강한 시민으로 재탄생하기 위한 사회 재정착 과정을 차근차근 밟아가고 있다. 14-15세의 어린 나이에 불법 무장단체의 강제 징발을 통해 정글로 들어간 게릴라들이 20, 30년 만에 평화협정을 통해 무기를 내려놓은 탓에 사회에 적응하는 것이 쉽지 않다. 콜롬비아 정부는 이들의 사회 정착을 돕기 위해 길게는 7년 동안의 재교육을 실시하고 있다. 우리가 마시는 '평화의 커피'는 무장 해제자의 사회 정착을 위한 재원으로 활용되기 때문에 콜롬비아의 항구적 평화 구축을 지원한다는 의미가 있다.

3. 여성의 커피

콜롬비아의 슈퍼마켓에서는 봉지에 '무혜레스 카페테라스(Mujeres cafeteras: '여성 커피 경작자'라는 의미)라는 글귀가 새겨진 커피를 볼 수 있다. 콜롬비아의 여성 경작자가 생산한 커피라는 뜻이다. 이 글귀에는 사회적 약자인 여성이 생산한 커피이므로 특별한 배려가 필요하다는 메시지가 들어 있고, 커피 경작에 종사하는 163,000명이 넘는 여성의 노동에 의미를 부여하기 위한 전략이 숨어 있다. 콜롬비아 커피 회사 후안 발데스 사는 이 커피의 판매 전략으로 "세상을 위해 더 좋은 커피를 생산하겠다는 우리 여성들의 결정(La decisión de nuestras mujeres de producir su mejor café para el mundo)"이라는 모토를 내세운다.

이와 같은 현상을 이해하기 위해서는 콜롬비아 내전의 역사를 돌아보아야 한다. 1960년대 초부터 2016년 11월에 콜롬비아 정부와 콜롬비아 무장 혁명군 사이에 평화협정이 체결될 때까지 엄청난 인적 및 물적 피해가 발생했다. 반세기 내전 기간에 26만 명이 사망했는데, 그중에서 민간인 사망

[사진 6] 여성 커피 경작자들이 생산한 후안 발데스 커피.

자가 21만 명이다. 2022년 7월에 발표된 진실위원회(Comisión de la Verdad) 보고서의 통계에 따르면 사망자가 45만 명에 이른다. 약 3만 7,000명이 납치되고, 8만여 명이 실종되었으며 아직도 7만여 명의 생사를 모른다. 내전으로 인해 어쩔 수 없이 주거를 옮긴 사람도 약 900만 명에 달한다. 유엔난민기구(UNHCR)에 의하면 콜롬비아의 강제 이주자는 시리아에 이어 두 번째로 많다. 여성은 인권 침해의 대상이 되고, 남편들이 납치되거나 살해됨으로써 홀로 가정을 책임져야 했다. 이에 콜롬비아 정부는 여성 가장의 경제력 향상에 중점을 둔 사회복지 정책을 적극적으로 시행해 오고 있다. 특히 2018년부터 2022까지 부통령을 역임한 마르타 루시아 라미레스(Marta Lucía Ramírez)는 내전 피해 여성의 경제력 향상에 관심을 두고 여러 프로젝트를 시행했다.

콜롬비아 커피생산자협회(FNC)와 각 지부(Comité)도 여성 커피 경작자들을 지원하기 위한 특별 프로그램을 운영하고 있다. 이들을 대상으로 다양한 교육 프로그램을 마련해 새로운 커피 경작 기술을 제공하고 커피에 부가가치를 높일 수 있는 방법을 제시한다. 여성 경작자들의 조직화도 지원

[사진 7] 여성이 생산한 커피라고 명시한 프리다 칼로 커피.(출처: 저자 촬영)

[사진 8] '50 아미가스' 커피를 생산하는 여성 커피 경작자들.(출처: Indiegrow)

하고 있다.

우일라 주에서는 40개 조직의 여성 1,300명을 대상으로 생산성 향상 교육을 실시했다. 이들 중에는 미혼모, 과부, 원주민 여성, 아프리카계 여성, 내전으로 인해 강제적으로 이주한 여성도 포함되어 있다. 이들은 이 과정을 통해 가족 부양 능력을 확보하고 잃었던 자존감을 회복한다. 여성 커피 경작자 단체들은 여성 경작자의 자녀 교육과 청소년의 사회 적응을 지원하는 활동도 한다.

'50 아미가스(50 amigas: '여성 친구 50인'이라는 의미)'라는 상표의 커피가 있다. 콜롬비아 내전의 중심 지역이었던 카우카 주 여성 커피 경작자의 모임 (AMUCC)에 소속된 50명의 회원이 자체 생산한 무공해 유기농 커피를 상품화한 것이다. 분쟁을 겪은 지역에서는 여성이 금융기관에 접근하는 것이 매우 어렵다. 담보도 없고 보증인을 세울 수도 없기 때문이다. 따라서 유엔의 주도하에 민간 기업들과 공동으로 혼합금융(Blended Finance)을 조성해 금융과 기술을 지원했다. 50명의 여성 커피 경작자는 이 혼합금융을 사용해 커피 경작, 수확 후 관리, 상품화, 판매 등 모든 분야에서 혁신을 했다. 자체 상표를 가진 무공해 스페셜티 커피를 상업화하고, 이를 직접 국제 시장에 판매함으로써 과거보다 5배 이상의 수익을 얻고 있다.

2018년에 국제커피기구(ICO)가 발표한 커피 분야 성평등 보고서에 의하면 세계 커피 농장의 20-30퍼센트는 여성이 운영하고, 커피 생산에 필요한 노동력의 70퍼센트는 여성이 제공한다. 커피 산업에서 여성의 역할이 점점 부각되고 있는데, 특히 커피를 수확하고 생두에서 불량품을 골라내 건조하는 일은 대부분 여성이 한다.

흔히들 커피 열매가 가볍고 커피 수확에 기계나 칼 같은 연장을 사용하지 않기 때문에 여성과 아동의 노동력이 많이 투입된다고 설명한다. 위험하고 힘든 작업이라면 그들이 동원되지 않을 것이라는 얘기다. 타당성이 있는 말이다. 어찌 되었든, 커피 분야 여성들은 대부분 저임금에 시달리고, 교육도 제대로 받지 못하는 것이 현실이다. 그런데 변화가 일고 있다. 커피 농장을 보유하거나 커피 매장을 운영하는 여성이 많아지고 있는 추세다. 현재 세계여성커피연맹을 비롯한 여러 단체에서 여성의 역할을 부각하면서 적극적으로 지원하고 있다.

한국의 코이카도 콜롬비아의 평화 정착에 기여하기 위해 국제기구들과 협력해 분쟁 지역 여성의 생활 능력 및 소득 향상을 지원하는 프로젝트를 추진해 오고 있다. 그 가운데 하나는 나리뇨, 카우카, 바예 데 카우카, 초코 주에서 추진되고 있다. 여성이 주도하는 농민조합이 생산한 농산물을 구입하고, 농산물 생산에서부터 판매까지 농업 가치사슬을 강화하는 사업이다. 또 다른 사업은 바예 데 카우카, 카우카, 나리뇨 주의 12개 시에서 여성의 지속 가능한 경제 역량을 강화하는 사업이다. 24개 여성 조합이 생산하는 12개 상품의 시장 경쟁력을 강화하는 데 목적이 있다. 이 같은 사업을 위해 코이카는 유엔의 여성기구(UN Woman) 및 인구기금(UNFPA)과 협력할 계획이다.

4. 아모르 페르펙토

'아모르 페르펙토(Amor perfecto)'는 콜롬비아의 커피 기업, 카페, 커피 상품의 이름이다. 스페인어로 '완벽한 사랑'을 의미한다. 이 기업이 작은 반란을 일으켰다. 세계 3위 커피 생산국이면서 양질의 커피를 생산하는 콜롬비아 국민이 좋은 커피는 모두 수출하고 질 낮은 커피만 마셔야 하는지에 대해 의문을 제기하고 항의한 것이다. 그 반란은 현재 아모르 페르펙토의 대표인 루이스 페르난도 벨레스(Luis Fernando Vélez)로부터 시작되었다.

그는 1992년 영국에서 개최된 말린 꽃(dry flower) 박람회에 참석했다가 고급 커피를 시음하고서 콜롬비아에 돌아와 고급 커피를 제공하는 비즈니스를 하겠다고 결심하고는 보고타에 작은 선물 가게를 열었다. '아모르 페르페이투(Amor perfeito)'였다. 나중에 이 가게의 일부에 카페를 열었는데, 그곳이 고급 커피를 마실 수 있는 장소로 널리 알려지게 되었다. 독특한 가게 이름도 사업의 성공에 한몫했을 것이다. 아모르 페르페이투는 포르투갈어로, '완벽한 사랑'을 의미한다. 브라질의 저명한 가수이자 작곡가인 호베르투 카를루스 브라가(Roberto Carlos Braga)가 부른 노래의 제목이기도 하다.

그런데 당시 콜롬비아에서는 법에 따라 양질의 커피는 모두 수출하게 되어 있었기 때문에 국내 기업이 고급 커피를 국내에서 구입해 로스트하고 판매하는 것을 금지했다. 그 법은 '파시야 및 리피오(Pasilla y Ripio)' 법이라고 불렸다. 파시야는 흠집이 있는 커피콩이고, 리피오(ripio)는 커피를 내린 후 남은 찌꺼기를 가리킨다.

아모르 페르페이투의 사장은 법령을 어겨가면서까지 양질의 커피를 조달하기 위해 모든 노력을 경주했다. 1997년에는 커피 로스팅 기계를 설치했다. 수출업자로부터 수출 쿼터를 소진하고 남은 커피를 구입해 볶아서 판매했다. 콜롬비아 커피생산자협회를 설득했고, 정부는 2003년에 '파시야

[사진 9] 페르가미노 커피에서 파시야를 골라내는 과정.(출처: 저자 촬영)

및 리피오' 법을 수정했다. 그는 가게 이름을 스페인어로 바꾸었다. 벨레스는 현재 보고타에서 4개의 '아모르 페르펙토' 매장을 운영한다. 고급 커피 음료뿐만 아니라 볶은 원두와 가루 커피도 판매한다. 상표도 '아모르 페르펙토'다. 그는 지금도 영세 커피 경작자들을 찾아다니며 새로운 맛과 향을 지닌 양질의 커피를 찾고 있다.

2022년 초에 루이스 페르난도 벨레스는 인터뷰를 통해 2021년의 커피 매출이 2년 전에 비해 거의 100퍼센트까지 성장했다고 밝혔다. 이는 2021년 4-5월에 발생한 총파업으로 인해 도로가 봉쇄된 상황에서 이룬 실적이다. 아모르 페르펙토는 14개국에 커피를 수출하는데, 한국도 명단에 들어 있다. 주요 수출품은 볶은 원두다.

이단아 성격을 지닌 그는 2022년에도 새로운 '반항'을 시도한다. 칸나비디올(cannabidiol: CBD) 성분이 함유된 키피를 생산하는 것이다. 칸나비디올은 대마초의 일종인 헴프(hemp)에서 생산되는 물질로, 통증 감소, 염증 완화, 불안 진정, 수면 개선 등의 효능이 있다고 알려져 있다.

매출액을 지속적으로 성장시키겠다는 야심적인 계획을 갖고 있는 벨레스는 아모르 페르펙토의 사업이 기존의 커피 산업으로부터 "탈식민화(des-

[사진 10] 보고타 시내의 아모르 페르펙토 카페.(출처: 저자 촬영)

colonización)"하는 것이라고 강조한다. 그에게 탈식민화는 커피 생산국에서 커피의 부가가치를 더해 수출함으로써 커피 생산자들에게 더 많은 소득을 가져다주도록 한다는 의미로 해석된다. 여기에는 다국적기업의 독점적인 커피 거래와 낮은 커피 가격에 대한 저항 의식이 깃들어 있다. 아울러 콜롬비아 국내 커피 산업이 기득권자들에 의해 지배되고 있다는 인식도 내포되어 있다. 루이스 페르난도 벨레스에게서 또 어떤 독창적인 아이디어가 나올지 기대된다.

5. 엘 오브라헤 농장

안데스 지역의 일부를 이루는 나리뇨 주는 기후가 습하고 차가워서 보리와 밀이 재배되는 곳이다. 특히 탄구아 지방은 해발 2,000-2,300미터나 되어 일반적인 기준으로는 커피 재배에 부적합한 지역으로 인식되었다. 그러나 엘 오브라헤 농장(Hacienda El Obraje: 스페인어 'obraje'는 '일', '작업'이라는 의미다)은 10여 년의 노력 끝에 커피 재배에 성공했다. 이 지역은 기후가 수시로 변화할 뿐만 아니라 아침저녁으로 기온 차이가 커서 식물의 생장 속도가 느리고 키도 보통 크기보다 작다. 하지만 역설적으로 이 같은 기후와 지형의 특성이 커피의 독특한 맛을 만든다.

넓은 대지에 자리잡은 오브라헤 농장의 주택에는 잘 정리된 정원이 있다. 농장주 파블로 안드레스 게레로(Pablo Andrés Guerrero)는 과거에 나리뇨 주 수도인 파스토 시장에 출마했는데 선거에서 실패하자 스페셜티 커피 생산을 위한 기술 개발을 시작했다고 한다. 그 노력이 결실을 거두어 두 번째로 참여한 콜롬비아 최우수 커피 선발대회에서 1등의 영예를 얻었다.

산 중턱의 농가에서 내려다본 커피 밭(lote)의 풍경은 아름답기 그지없다. 스위스의 어느 산장에 온 것 같다. 깊은 계곡 아래서 흐르는 물이 까마득히 멀리 보인다. 계곡의 중간 능선에 커피나무 밭 여러 개가 붙여진 모습이 마치 퀼트 같다. 중간 중간에 빗물을 모은 저수지가 보인다. 건기에 물이 부족하면 물꼬를 터서 저수지 아래에 위치한 커피나무 밭으로 흘려보낸다. 밭이 산 능선에 위치하기 때문에 물을 원활하게 공급해 주는 것이 가장 큰 문제라고 한다. 구멍이 뚫린 가는 고무호스를 커피 밭에 설치해 효율적으로 관개를 할 예정이다. 이스라엘이 개발한 이 기술을 점적관개(drip irrigation)

[사진 11] 오브라헤 농장.(출처: 저자 촬영)

[사진 12] 오브라헤 농장에서 재배되는 게이샤 품종 커피나무.(출처: 저자 촬영).

라고 하는데, 유대인들은 컴퓨터로 제어하는 이 기술을 개발해 물을 40퍼센트가량 절약하면서도 생산량을 50퍼센트나 향상시켰다.

오브라헤 커피 농장에서는 커피생산자협회(FNC)가 권고하는 카스티요 품종 이외에 카투라, 게이샤, 세니카페, 부르봉 등 다양한 품종이 재배되고 있다. 통풍이 잘 되도록 윗부분만 가린 비닐하우스의 묘목장에도 다양한 품종이 자라고 있다. 콜롬비아에서는 커피 묘목을 콜리노스 데 카페(Colinos de café)라고 부른다. 오브라헤 농장에서는 커피생산자협회가 추천하는 품종과 재배 기술이 아닌, 새로운 품종과 새로운 재배 기술이 시도되고 있다.

이들 커피는 게이샤, 카투라, 카스티요 순으로 병충해에 취약하고, 자연환경에 민감해 재배하기가 매우 어렵다고 한다. 게이샤는 잎사귀가 다른 품종보다 성기고 노르스름한 색깔을 띠며 열매도 적게 달린다. 따라서 커피생산자협회는 게이샤처럼 재배가 어려운 품종보다 병충해에 내성이 강하고 많은 열매를 맺는 카스티요를 권장한다. 보통의 커피 농가는 묘목을 구입하지만 오브라헤 농장은 커피생산자협회로부터 커피 씨앗을 사서 묘목을 기른다. 다른 나라에서 직접 씨앗을 사오기도 한다. 커피생산자협회 전문가들이 정기적으로 농장을 방문해 기술 지도를 한다.

커피나무는 1년 전에 만들어진 가지의 마디에서 열매를 맺는다. 따라서 커피 열매가 꾸준하게 맺도록 가지치기를 계속 해줌으로써 새로운 가지가 자라나게 해야 한다. 가지치기를 할 경우에 생산성이 높아질 뿐만 아니라 병충해를 줄일 수 있고 나무의 생명도 연장된다. 통상적으로 커피나무는 한 해에는 열매를 많이 맺고 그 다음 해에는 적게 맺기를 반복하는 '해걸이(隔年結果)'를 한다. 결실이 많은 해에는 커피나무에 축적된 '탄소-12(Carbon-12, 12C)'의 양이 감축되기 때문에 그 다음 해에는 '탄소-12'가 부족해 결실 활동이 줄어들어 생산량이 감축된다. 가지치기는 해걸이를 방지하는 데 효과적이다.

보통 로부스타의 경우는 2년, 아라비카의 경우는 4년 정도 지나면 상업성을 지닌 열매를 수확하는 것이 가능하다. 커피꽃이 개화해서 열매가 성숙할 때까지는 32주 정도가 소요된다. 커피나무의 수명이 비교적 길지만 20년 정도 지나면 생산성이 떨어져서 나무를 교체한다. 오브라헤 농장에서는 5년 정도 커피 열매를 생산한 후에 커피나무 밑동으로부터 30센티미터 윗부분을 잘라줌으로써 새 가지가 자라게 해서 2년이 지나면 수확을 한다. 나무 밑동을 자르는 것을 스페인어로 소카(zoca)라고 하는데, 소카를 하기 1년 전에는 나무의 밑동에서부터 90센티미터가 넘는 윗부분을 잘라내어 가지가 옆으로 퍼지게 한다. 이 같은 윗가지치기를 스페인어로는 데스코파르(descopar)라고 한다.

커피 농가들은 소카를 통해 커피나무를 젊게 만들고 생산성을 높이지만, 커피나무 입장에서 보면 온몸이 잘리는 것이다. 몸이 살리면 나무 밑동에서 새싹이 자라지만 잘린 나무는 병충해에 취약할 수밖에 없다. 따라서 커피나무가 죽기도 한다. 이를 방지하기 위해서 잘린 나무 밑동에 부식 방지 페인트를 칠하고 곰팡이를 방지하는 농약을 치기도 한다.

오브라헤 농장주 게레로 씨는 파스토 시내에 마련한 스페셜티 커피 판

[사진 13] 소카를 시행한 커피나무 밑동.(출처: Café de Colombia)

매점과 카페에서 자신이 생산한 커피 '오브라헤'를 직접 판매하는데, 농장 투어 프로그램도 계획 중이다. 중남미의 커피 수확기가 북반구의 추운 겨울철과 일치하기 때문에 커피 생태 관광이 늘어나는 추세다. 2,400미터 고지의 오브라헤 농장에서 내려다보는 경관이 수려하다. 농가 앞으로 반반하게 정리된 경사진 터에 정원을 조성하면 훌륭한 산책 장소가 될 수 있을 것 같다. 허물어진 벽들을 복구하면 모든 곳이 포토존이 될 수 있을 정도다. 반세기의 내전으로 상처투성이였던 나리뇨 주가 기업가 정신으로 무장한 어느 커피 생산자에 의해 역동적으로 바뀌고 있는 것이다.

6. 라 미나 농장

나리뇨 주는 산도가 강한 스페셜티 커피로 유명한 곳이다. 라 미나 농장(Finca La mina: 스페인어 'mina'는 '광산', '묘목밭'이라는 의미다)은 나리뇨 주의 부에사코(Buesaco)에 있다. 농장주는 프랑코 로페스(Franco López)다. 라 미나 농장은 '콜롬비아 컵 오브 엑설런스'에서 2005년, 2010년, 2012년, 2017년, 2020년에 입상한 경력이 있을 정도로 우수한 품질의 커피를 생산한다. 농장 주택의 방 벽에는 여러 개의 상패가 걸려 있다.

농장주에게 좋은 커피를 생산한 비결이 무엇이냐고 물었더니 의외로 답이 간단하다. 하느님(Dios) 덕분이라는 것이다. 실한 커피 열매를 거두기 위해서는 인간의 노력이 필요하지만, 커피 열매는 기본적으로 토지, 햇볕, 물, 바람이 적절하게 어우러져 만들어진 작품이기 때문이다. 농장주의 커피 경작 노하우와 정성은 부수적인 것이다. 노인의 현답(賢答)은 되새길 만하다.

작은 도시 부에사코 시는 별칭을 갖고 있는데 바로 '닥터' 부에사코다. 따스한 햇볕과 아름다운 경관, 감미로운 커피의 향 덕분에 방문자의 건강 상태가 좋아지기 때문이란다. 그 때문일까? 그동안 부에사코의 커피 농장들은 커피 경진대회에서 우수한 성적을 거두었다. 2010년에는 호세 안토니오 구알구안(José Antonio Gualguan) 농장주가 '콜롬비아 컵 오브 엑설런스'에서 우승했는데, 커피 대회 역사상 최고점수인 94.92점을 획득했다. 2012년에는 여성 커피 경작자 마리아 에텔비나 디아스(María Etelvina Díaz)가

[사진 14] 부에사코 지방의 커피 경작자들이 생산한 커피.(출처: 저자 촬영)

[사진 15] 라 미나 농장.

90.85점으로 우승했다. 2017년에 선발된 10개의 우수 커피 중에 부에사코 커피가 6개를 차지했는데, 4개가 90점 이상을 받았다. 콜롬비아의 커피 경작 규모를 감안할 때 부에사코와 같은 작은 도시가 거둔 수상 경력은 놀랄 만하다.

　시청의 커피 전시실에는 소형 트리야도라(탈각기), 그라인딩 기계, 커피 시음 플라스크 등 커피를 평가하는 도구가 놓여 있는 것으로 보아 커피 평가실도 겸하는 것 같다. 각 농장에서 생산되는 커피가 전시되어 있었는데, 시골임에도 불구하고 상표와 디자인이 뒤떨어지지 않는다. 부에사코 커피는 한국에도 수출된다. 한국 여성과 결혼한 카를로스 하라미요(Carlos Jaramillo)가 코코라(Cocora)라는 커피 수출회사를 설립해 한국에 커피를 수출한다는 것이다. 콜롬비아 커피생산자협회의 홈페이지에 들어가 보면 한국에 커피를 수출하는 콜롬비아 기업 명단에 코코라가 들어 있었다.

농장주 프랑코 로페스 씨는 1994년부터 4헥타르 규모의 커피 농장을 운영해 오고 있다. 이제는 막내딸 시엘로(Cielo)가 가업을 이어받아 카투라 품종을 재배하는데, 4월에서 8월, 12월에서 다음 해 2월까지가 수확기다. 농장이 깊은 산지의 정상에 있기 때문에 밤에는 깊은 계곡에서 더운 공기가 올라와 커피나무를 보호해 주고 낮에는 풍부한 햇볕이 내리쬔다. 따라서 커피나무가 집중적으로 꽃을 피우고 커피 열매의 성숙 기간이 길어져 당도가 높아진다고 한다. 프랑코 로페스 씨의 바리스타 손녀가 만들어 준 커피는 바닐라 향이 가미된 중간 정도의 산도를 가진 것이었다.

7. 엘 엔칸토 농장

보야카(Boyacá)는 커피를 생산하는 15개 주 중 생산량이 가장 작은 주다. 보야카 주의 총 커피 경작 면적은 10,225헥타르에 불과한데 커피 경작자는 10,749명이나 된다. 커피 농가당 평균 경작 면적이 1헥타르가 채 안 되는 셈이다. 그야말로 영세농이다. 커피 농장의 가격은 1헥타르당 120-200만 페소다. 1달러당 4,000페소로 환산하면 약 3-5만 달러에 불과하다.

주도인 퉁하(Tunja)에서 차를 타고 북서쪽으로 1시간 40분가량 달리면 나타나는 모니키라(Moniquirá)는 해발고도 1,700미터에 위치한 분지 마을로, 커피, 사탕수수, 옥수수, 감자 등을 생산한다. 산 중턱의 경사진 곳에 위치한 농장 엘 엔칸토(Finca El Encanto: 스페인어 'encanto'는 '매력'이라는 의미다)는 1.3 헥타르 규모다.

60대 중후반쯤 되는 엘리오 호세 우르타도(Elio José Hurtado)와 부인 메르세데스(Mercedes)가 농장을 운영한다. 농장의 소유권은 남편과 부인이 0.9헥타르와 0.3헥타르씩 보유하고 있는데, 그 작은 농장에서 53포대 이상의 커피를 생산한다. 경이적인 생산성이다. 그 얘기를 듣고 다시 보니 농장의 커피 나무들이 대단히 실하게 보였다. 2022년에 "자유의 향기(Aroma de Libertad)"라는 이름의 보야카 주 커피 경진대회에서 부인 메르세데스가 생산한 커피가 1등, 남편 우르타도가 생산한 커피가 9등을 차지했다.

커피 경진대회 이름에서 역사의 냄새가 난다. 보야카 주는 남아메리카의 일부 지역을 스페인으로부터 독립시키는 데 혁혁한 공로를 세워 '해방자(Libertador)'라는 칭호를 얻은 시몬 볼리바르(Simón Bolívar, 1783~1830)가 1819년에 스페인 군인들과 최후의 결전을 치른 곳이다. 이 전쟁의 결과 누에바 그라나다(Nueva Granada) 부왕령에 현재의 콜롬비아, 베네수엘라, 에콰도르, 파나마 등지를 아우르는 '그란 콜롬비아(Gran Colombia)'가 세워졌다.

농장주 우르타도는 아버지로부터 물려받은 커피 농장 덕분에 1남 1녀를 대학까지 보낼 수 있었다. 바리스타 자격을 가지고 있는 아들은 카타도르 자격증을 따기 위해 공부하면서 부모가 생산한 커피를 상업화했다.

메르세데스가 보야카 주 커피 경진대회 '자유의 향기'에서 1등상을 받은 바 있는 커피를 준비해 주었는데, 중간 정도의 밸런스에 산도가 낮은 부드

[사진 16] 산등성이의 엘 엔칸토 농장 전경.(출처: 저자 촬영)

[사진 17] 데스풀파도라 옆에 선 '엘 엔칸토' 농장주 엘리오 호세 우르타도.(출처: 저자 촬영)

러운 커피에서 풋풋한 사과 향이 느껴졌다. 콜롬비아 커피생산자협회의 보
야카 지부장인 카를로스 레스트레포(Carlos Restrepo)에 의하면 보야카 주 커
피는 미세 기후와 지형에 따라 맛이 다르다. 보편적으로는 계피 향, 캐러멜
향, 산딸기 같은 붉은 과일 향 그리고 볶은 아몬드 향을 지니고 있는데, 초
콜릿 향, 볶은 곡물 향을 지닌 커피도 있다.

우르타도는 데스풀파도라에서 커피 체리 과육을 벗겨내 120시간 동안
발효시킨다. 통상적으로는 14-24시간 동안 발효시키는 것이 보통인데, 발
효 시간을 무려 10배나 늘린 것이다. 발효 과정에서 산소가 들어가면 산패
가 되기 때문에 철저한 밀봉이 가능한 플라스틱 통에서만 발효시킨다. 발
효가 정상적으로 진행되면 당(糖)이 축적되어 화학적인 변화가 일어나고,
커피 맛이 변화한다.

보야카 주에서는 약 80퍼센트의 커피 경작시에서 카스티요 품종과 세
니카페 1 품종을 재배하며, 나머지 21퍼센트에서는 카투라, 마라고지페, 티
피카 등의 품종을 재배한다. 보야카 주에서는 '그늘 나무'를 활용한 생산이
89퍼센트를 차지한다. 그늘 나무로는 구아모와 카르보네로(carbonero)가 주
로 사용된다.

[사진 18] 보야카 주 우수 커피 경진대회에서 메르세데스가 받은 1등상.(출처: 저자 촬영)

커피생산자협회가 커피 녹병에 내성을 지닌 카스티요나 세니카페 1을 추천하지만 커피 농가들은 각자 수요자의 요구에 따라 어떤 품종이든지 자유롭게 선택한다. 특히 일본 업체들은 티피카 등 커피생산자협회가 추천하지 않는 품종의 커피를 수입해 간다. 커피 농가가 추천 품종을 재배하지 않을 경우 커피생산자협회의 기술 지원은 이루어지지 않는다. 추천 품종의 경우 1헥타르당 16포대를 생산하지만 비추천 품종의 경우는 병충해에 취약하고 생산성도 낮아 13포대 정도를 생산한다.

6장
콜롬비아 국민의 삶이 된 커피

1. 에헤 카페테로

칠레에서 태평양 연안을 따라 북쪽으로 뻗어나간 안데스 산맥은 콜롬비아에 이르러 서부, 중부 및 동부 산지로 갈라져서 대서양 쪽으로 낮아지다가 평지로 사라진다. 중부 지역의 중앙산맥 양쪽 사면에서 주로 커피가 재배되는데, 이 지역이 바로 '에헤 카페테로(Eje Cafetero)'다. 우리말로는 '커피 생산 중심축'이다. 칼다스, 킨디오, 리사랄다 3개 주를 아우르는 아름다운 커피 재배 산지로 둘러싸인 지역이다. 이 지역은 풍부한 생명 다양성과 더불어 서부 산맥과 중앙산맥 사이를 흐르는 카우카(Cauca) 강과 지류들이 만들어내는 온화한 기후부터 네바도 델 루이스(Nevado del Ruiz) 고산지의 춥고 황량한 기후까지 다양한 기후대를 갖고 있다. 장년기의 산맥이라 깊은 계곡과 높은 산지로 이루어진 지형이 골바람을 만들어내고, 계곡물과 어우러져 다양한 소기후를 만들어낸다. 군데군데 강과 호수가 있는 진한 초록색의 산지는 다양한 맛과 향을 지닌 커피 열매를 영글게 한다.

에헤 카페테로는 아름다운 자연경관과 커피 문화를 보유하고 있어 2011년에 유네스코가 세계문화유산으로 지정했다. 유네스코가 커피 문화 경관을 세계문화유산으로 지정한 곳이 하나 더 있다. 쿠바 남동부에 있는 최초 커피 재배지로, 2000년에 지정되었다. 시에라 마에스트라(Sierra Maestra) 산 계곡에 위치한 그 지역에서는 170여 개의 커피 농장이 19세기의 전통식 커피 경작과 건조 방법을 유지하고 있다. 시에라 마에스트라 산지는 피델 카스트로와 체 게바라가 1956년 12월에 81명의 혁명 동지들과 그란마(Granma) 호를 타고 쿠바로 돌아왔다가 바티스타 군의 공격을 받고 12명이 생존해 혁명의 베이스캠프를 설치한 곳으로 널리 알려졌다. 이들 혁명가를 숭배하는 쿠바 국민에게는 시에라 마에스트라가 아름답고 풍요로운 커피 경작지보다는 혁명의 상징으로 각인되어 있을 것이다.

[사진 1] 에헤 카페테로 커피 농장의 아름다운 모습.(출처: 저자 촬영)

19세기 초기에 안티오키아 주의 주민들이 이 지역으로 이주해 오면서 살라미나(Salamina), 아구아다스(Aguadas) 같은 도시가 형성되기 시작했다. 이곳에서 커피 경작은 지역 경제를 지탱하는 든든한 기둥이다. 물론 커피 외에도 목축과 유제품을 비롯해 구아두아(guadua), 소나무 등 목재 생산도 이루어지고 있다. 구아두아는 대나무의 일종이지만 한국의 대나무보다 훨씬 크고 대궁도 굵어서 고급 건축 자재로 사용된다. 이 같은 자연환경에 열대 과일, 아름다운 마을, 주민의 친절함이 더해져 에헤 카페테로가 매력적인 에코투어리즘의 명소로 부각되고 있다.

킨디오 주의 수도인 아르메니아(Armenia)는 에코투어리즘의 중심지다. 이 지역에는 100여 개의 커피 농장이 있는데, 칼라르카(Calarca), 파나카 (Panaca) 및 국립 커피공원이 주요 관광지다. 칼라르카는 아르메니아에서 3킬로미터 정도 떨어진 곳으로 농촌 스타일의 숙소를 체험할 수 있다. 계곡과 숲으로 둘러싸여 있어 말타기, 산악자전거, 카약 등도 즐길 수 있다. 파나카에는 커다란 농장에 농업 테마공원이 조성되어 있다.

국립 커피공원은 방대한 지역이라 충분한 시간을 들여 돌아보아야 한다.

[사진 2] 마니살레스 시 근교 엘 오토뇨 온천호텔.(출처: 엘 오토뇨 온천호텔 홈페이지)

특히, 커피박물관은 커피 산업을 일거에 조망할 수 있도록 구성되어 있어 커피 애호가에게는 반드시 방문할 필요가 있는 곳이다.

칼다스 주는 네바도스 국립공원이 있는 지역으로, 물이 풍부하다. 중부 산지의 5,000미터가 넘는 5개의 눈 덮인 산봉우리에서 강과 계곡이 시작되는데, 이 지역을 흐르는 청정한 물은 칼다스뿐만 아니라 킨디오, 리사랄다 및 톨리마 지역에 공급된다. 이 지역에는 사화산 분화구와 더불어 온천이 발달해 있는데, 칼다스의 주의 수도인 마니살레스에서 1시간 40분 정도 거리에 있다.

'마니살레스 축제(Feria de Manizales)'로 널리 알려진 마니살레스 인근에서는 '엘 오토뇨 온천 호텔(Hotel Termales El Otoño)'이 유명하다. 이 호텔은 마니살레스에서 네바도스 국립공원으로 가는 구도로의 5킬로미터 지점, 중앙 산맥 사면에 있다. 초록색 숲에 파묻혀 있는 것 같은 호텔은 콜롬비아의 저명한 정객들이 다녀간 곳으로도 유명하다. 계곡 방향에 위치한 정원의 울타리는 촘촘하게 심은 나무로 이루어져 있고, 정원 귀퉁이에 야외 온천이 있다.

자동차로 에헤 카페테로 지역 어디를 달려도 눈이 피곤하지 않다. 굴곡진 산야에서 푸른 숲과 새소리가 어우러져 여행자를 반긴다. 그곳에 아름다운 자연경관으로 둘러싸여 있는 베네시아 대농장(Hacienda de Venecia)이 있다. 농장은 4세대 이상 내려온 콜롬비아 커피 문화의 성지로, 그곳에 세상에서 가장 맛있다는 커피가 있다. 거기서 마시는 커피에 고유의 맛뿐만 아니라 커피 문화경관의 아름다움도 가미되어 있기 때문일 것이다. 베네치아 농장은 콜롬비아의 대표적인 텔레노벨라(telenovela: '텔레비전 연속극'이라는 의미) 〈여인의 향기를 머금은 커피(Café con Aroma de Mujer)〉의 촬영 장소로 더 유명하다.

스페인어에 '푸에블레아르(pueblear)'라는 동사가 있다. 마을(pueblo)이라

[그림 1] 마니살레스 축제 포스터.(출처: Feria de Manizales)

는 명사에서 파생한 것으로, 마을과 마을을 돌아다니며 구경한다는 뜻이다. 마니살레스 시에서 가까운 거리에 아름다운 마을들이 흩어져 있는데, 이들 마을을 순회하는 재미가 쏠쏠하다.

쿠치야 델 살라도(Cuchilla del Salado)는 마니살레스 시에서 자동차로 15분이면 도달할 수 있는 마을로, 커피 문화경관이 보여주는 아름다움의 표본이다. 녹색의 산야와 작은 샛길들이 전통적인 식당들, 200년 이상의 역사를 머금은 식민시대의 주택들과 잘 어우러져 있다. 주민들의 친절한 서비스는 참으로 인상적이다. '생각의 공간'이라는 의미를 지닌 엘 레신토 델 펜사미엔토(El Recinto del Pensamiento) 공원도 들러볼 만하다. 마니살레스 지역은 다양한 조류를 관찰하기에 좋다. 티나무 보존 지역(Reserva Natural de Tinamu)은 그 가운데 하나로, 그곳에만 260종의 조류가 서식한다. 콜롬비아는 세계 2위의 생물 다양성 국가답게 세계에서 가장 많은 조류를 보유하고 있다.

에헤 카페테로의 아름다운 경관 가운데 백미는 바로 네바도스 국립공원(Parque Nacional de los Nevados)인데, 이곳에는 해발 5,300미터에 달하는 네바도 델 루이스(Nevado del Ruiz) 화산이 있다. 안데스 산맥의 불의 고리에 위치한 성층 활화산으로, 분화구에서 증기가 나온다. 1985년 9월에 대폭발이 발생해 25,000여 명의 인명을 앗아가기도 했다. 네바도스 국립공원에는 산타 이사벨, 톨리마, 루이스 빙하가 있다. 화산과 가장 가까운 얼음의 천국이다. 4,400미터의 툼바스 계곡까지는 차로 갈 수 있고, 그곳에서부터 도보 산행이 시작된다.

에헤 카페테로에 관해 얘기할 때 지프 윌리스(Wyllis)를 빼놓을 수 없다. 전륜구동 또는 4륜구동이라 에헤 카페테로 같은 굴곡진 지형과 비포장도로에 적합하기 때문에 길거리에서 흔히 보게 되는 자동차다. 윌리스의 쓰임새는 아주 다양하다. 노새를 대신해 커피 포대, 각종 과일, 채소 등을 실어나르는데, 아침에는 스쿨버스로 사용되고 저녁에는 택시가 되기도 한다.

[사진 3] 관광객의 단골 방문 대상지인 에헤 카페테로 지역의 마을.(출처: pexels.com)

보통의 경우 승객의 수나 짐의 개수와 상관없이 주행거리에 따라 요금을 받는다.

윌리스는 제2차 세계대전 당시 미국이 군용으로 사용한 것으로, 지금은 단종된 상태다. 윌리스라는 이름은 1900년대 초에 자동차 회사 윌리스-오버랜드 모터스(Wyllis-Overland Motors)를 설립한 미국인의 이름이다. 단종된 지 수십 년이 되었건만 에헤 카페테로의 아이콘으로 자리 잡았고, 사람들은 계속해서 수리해 가며 사용한다. 물론 다른 차종을 사용하기도 한다.

에헤 카페테로에서 열리는 각종 지방 축제에도 윌리스는 단골 메뉴로 등장한다. 커피 노동자 여럿이 윌리스를 밀어서 달리는 경주도 있고, 짐을 얼마나 많이 적재하느냐를 두고 승부를 겨루는 대회도 있다. 이 지역에서는 이파오(Yipao) 행사, 즉 윌리스 퍼레이드가 큰 볼거리다. 이파오는 지프

[사진 4] 윌리스 퍼레이드.(출처: flickr.com)

윌리스의 별칭이다. 지파오(Jeepao)에서 변형되었다고 한다. 이파오 퍼레이드는 여러 종류가 있다. 커피, 플라타노, 바나나, 유카 같은 농산물과 장작 등을 이파오에 잔뜩 실어 나르는 것도 있고, 가구, 낡은 물건 같은 살림살이를 실어 나르는 것도 있다. 가장 어렵고도 위험한 것은 이파오의 뒷부분에 많은 짐을 실어서 자동차의 앞부분이 들리도록 한 뒤에 뒷바퀴 2개로만 운전하는 것이다. 이를 피케(pique)라고 한다. 콜롬비아 의회에서는 윌리스를 에헤 카페테로의 문화유산으로 지정하자는 법안이 발의되기도 했다.

2. 콜롬비아 컵 오브 엑설런스

'컵 오프 엑설런스(Cup of Excellence)'는 일종의 커피 월드컵 또는 커피 올림

픽이라고 할 수 있다. 2021년도 '콜롬비아 컵 오브 엑설런스(Taza de Excelencia Colombia)' 선발대회에 11개 주의 157개 커피 농장이 참가했다. 나리뇨 주 탄구아 지방의 '오브라헤' 농장이 생산하는 게이샤 품종의 커피가 90.61점을 얻어 최고 영예인 '프레지덴셜 커피(café presidencial)'로 선발되었다. 이 커피는 태국의 아로마 그룹(Aroma Group)에 파운드당 135.10달러에 팔렸다. 콜롬비아 커피 역사상 최고가다. 당시 뉴욕 커피 거래소의 평균 가격이 2.2달러였으니 무려 60배가 넘는 고가다. 2등은 우일라 주 '라 시리아(La Siria)' 농장, 3위는 카우카 주 '엘 사피로(El Zafiro)' 농장에게 돌아갔다. 결선에는 23개 농장이 진출했는데, 우일라 주 15개, 안티오키아 주 3개, 그리고 나리뇨, 카우카, 킨디오, 쿤디나마르카, 톨리마 주의 농장이 1개씩 포함되었다. 2022년 대회에서는 나리뇨 주의 '라 보헤미아(La Bohemia)' 농장이 생산한 게이샤 커피가 90.65점을 얻어 1등을, 나리뇨 주의 '엘 포르베니르(El Porvenir)' 농장이 생산한 게이샤 커피가 90.02점을 얻어 2등을, 톨리마 주의 '엘 하르딘(El Jardín)' 농장이 생산한 게이샤 커피가 89.43점을 얻어 3등을 차지했다. 결선에는 22개 농장이 결선에 진출했는데, 우일라 주 10개, 나리뇨 주 6개, 톨리마 주 4개, 카우카와 바예 델 카우카 주의 농장이 각각 1개씩 포함되었다. 특이한 점은 나리뇨 주의 농장 2개가 우승과 준우승을 휩쓸었다는 것이다. '콜롬비아 컵 오브 엑설런스' 선발대회는 매년 개최된다.

비영리 국제기관인 우수커피연맹(Alliance for Coffee Excellence)이 주관하는 '컵 오브 엑설런스' 선발대회는 1999년에 브라질에서 최초로 개최되었는데, 당시 브라질의 6개 지역에서 315종의 커피가 출품되었다. 현재는 12개 커피 생산국에서 해마다 개최된다. 이 대회는 국제커피기구(ICO)가 국제무역센터와 함께 추진했던 '구르메 프로젝트(Gourmet Project)'가 변화되고 발전된 것이다. 여기에서 선발된 커피는 스페셜티커피협회 전용 경매 사이트를 통해 판매된다. 10위권 안에 든 커피들은 컵 오브 엑설런스 마크(CEO)를 부착하는 영예도 얻는다. 한마디로 말해 품질이 국제적으로 검증된 커피라는 것이다.

국제커피기구는 개발도상국에 커피 생산 기술과 지식을 전수해 고품질 커피를 생산하고 높은 가격으로 판매하게 함으로써 농업을 진흥시킨다는 목표로 이 프로젝트를 진행했다. 따라서 컵 오브 엑설런스는 지속가능한 커피 생산을 보장하고 커피의 질적인 향상을 도모하며 커피 수입업자들에게 효과적인 마케팅 방안을 제시한다.

2021년 콜롬비아 컵 오브 엑설런스의 경우, 콜롬비아 국내 카타도르 7명과 국제 카타도르 22명이 심판단으로 참석했다. 예선은 국내 심판단이, 결선은 국제심판단이 주관해 출품된 커피들을 5회에 걸쳐 평가했다. 본 대회에서 세계 어느 곳에서도 등록되지 않은 새로운 커피 품종이 발견되었다. 우일라 주 '라 구아카(La Guaca)' 농장이 출품한 커피로, 89.32점을 얻어 6위를 차지했다. 유전자 분석을 실시한 결과 에티오피아에서 비롯된 품종으로 밝혀졌다. 이 품종이 어떻게 콜롬비아로 들어왔는지는 아무도 모르는데, 매운 맛을 품고 있기 때문에 이름을 '고추(Ají)'라고 지었다.

컵 오브 엑설런스에서는 우일라 주에서 생산된 커피의 수상 경력이 화

[그림 2] 커피 생산국에서 매년 개최되는 '컵 오브 엑설런스' 대회 로고.

려하다. 콜롬비아에서 최초로 개최된 2005년 대회에서 우일라 주 커피 농장들이 1등, 2등, 4등을 차지했다. 아울러 2006년 대회에서는 1등에서 5등까지, 2007년 대회에서는 1등과 2등, 2011년 대회에서는 1등, 2013년 대회에서는 1등, 2등, 4등을 차지했다. 특히 우일라 주의 피탈리토, 아세베도, 알헤시라스(Algeciras), 수아사 지역의 커피가 우수한 평가를 받았다.

콜롬비아에서는 컵 오브 엑설런스 말고도 여러 종류의 커피 평가대회가 열린다. 이탈리아 트리에스테에 근거지를 둔 명품 에스프레소 기업인 '일리카페(Illycafe)'는 콜롬비아 커피생산자협회와 함께 '에스프레소 커피 품질 경진대회(Premio Colombiano de Calidad de Café para la Preparación de Espresso)'를 매년 개최한다. 이 행사는 세계적으로 알려진 커피 경진대회로, 에스프레소 커피에 가장 적합한 최고의 향, 맛, 바디를 지닌 커피를 생산하는 농장을 선정한다. 이 경진대회는 1991년에 브라질에서 처음 시작했는데, 현재는 브라질 이외에 인도, 과테말라, 콜롬비아 등에서 열린다. 콜롬비아에서는 2002년부터 개최되고 있다.

콜롬비아 커피생산자협회는 우선 일리카페가 요구하는 특징을 지닌 농장 70개를 선정한다. 선정된 농장이 커피 샘플을 이탈리아 트리에스테로 보내면 일리카페 소속 카타도르들이 10개 농장을 결선 진출자로 선정한 다음에 최종적으로 우승자를 결정한다. 일리카페는 우승자에게 3만 달러 상당의 상금을 주며, 일리카페에 소속된 전문가들을 선발된 커피 농장에 보내 커피 생산 및 가공법에 관해 도움을 준다.

'야라 컵 챔피언십 프로그램의 품질 경진대회(Concurso Nacional de Calidad de Taza Yara Championship Program)'도 있다. 야라는 농업용 광물질비료를 생산하는 노르웨이 다국적기업으로, 카르타헤나에 '야라 콜롬비아'를 설립했다. 이 챔피언십에서는 2개의 카테고리, 즉 워시드 커피(Cafes Lavados) 카테고리와 내추럴 및 허니 커피(Cafes Naturales y Honey) 카테고리로 나누어 평가한다.

야라 커피 경작 프로그램에 참여하고 200킬로그램 이상의 커피를 생산하는 농장에만 참가 자격이 주어진다. 야라 커피 경작 프로그램은 환경 친화적인 방법으로 양질의 커피를 생산하기 위한 것인데, 현재 톨리마, 카우카, 우일라 및 나리뇨 주에서 진행되고 있다. 1-3등으로 선발된 커피 경작자는 그 다음 해에 '야라 상표 대사(Embajador de Marca de Yara)'로 활동하게 된다.

제5회 야라 컵 챔피언십은 2021년 2월 15일부터 4월 2일까지 열렸으며, 1등 커피는 시장 가격에 파운드당 4달러를, 2등 커피는 3.5달러를, 그리고 3등 커피는 3달러를 더한 가격에 팔린다. 야라 컵 챔피언십에서는 여성 커피 경작자, 지역 커피 경작자 단체, 그리고 젊은 커피 경작자에게도 시상을 한다.

그 이외에 콜롬비아에서는 '카우카 베스트 컵(Mejor Taza)', '안티오키아 베스트 컵', '우일라 베스트 컵' 등 생두를 평가하는 대회도 열린다. 제1회 우일라 베스트 컵에서는 아세베도 지방의 커피가 90점 이상의 평가를 받아 1등을 하고, 파운드당 31.5달러에 팔렸다. 한국, 캐나다, 미국, 일본의 카타도르가 대회 심사위원으로 참석하고, 675개의 커피 샘플에 대한 평가가 이루어졌다.

3. 여인의 향기를 머금은 커피

〈여인의 향기를 머금은 커피〉는 넷플릭스에서 절찬리에 방영된 텔레노벨라의 제목으로, 콜롬비아 국민이 가장 많이 시청한 드라마다. 넷플릭스의 드라마 순위 10위권에 들어가면서 콜롬비아 국민에게 자긍심을 높여주고 다양한 이야깃거리를 제공해 주었다.

〈여인의 향기를 머금은 커피〉는 1994년에 방영되기 시작해 1995년에 최고 TV 드라마(Mejor Telenovela) 상을 받은 동일한 제목의 드라마를 리메이크한 것이다. 리메이크 작품의 첫 회분은 2021년 5월에 콜롬비아 RCN TV와 텔레문도(Telemundo)를 통해 방영되었다. 리메이크 작품임에도 콜롬비아 국민의 사랑이 식지 않았던 것이다.

아름다운 커피 문화경관을 배경으로 만들어진 이 드라마의 달달한 사랑 이야기에 누구든 쉽게 빠져든다. 특히 50대 이상의 콜롬비아 사람들에게 잔잔한 미소를 자아내게 하고, 추억에 젖게 하는 마력을 지녔다. 수많은 콜롬비아 국민이 어린 시절을 커피 농사와 관련된 환경에서 보냈기 때문이다. 배경으로 자주 등장하는 짙은 초록색의 커피 밭과 나무마다 다닥다닥 달라붙은 푸른색, 노란색, 붉은색의 커피 열매가 경이롭다.

누구든 〈여인의 향기를 머금은 커피〉를 통해 콜롬비아의 커피 산업과 커피 농장의 삶을 실감 있게 느낄 수 있다. 농장에서 지주계급과 노동자들의 역학관계나 커피 농장에서 살아가는 사람들의 애환도 엿볼 수 있다. 넷플릭스에서 방영된 마피아 드라마 〈나르코스(Narcos)〉를 보면서 콜롬비아의 근대 역사와 정치권력의 구조, 빈부격차, 사회 갈등, 코카인의 폐해 등을 복합적으로 이해하는 것과 같은 이치다.

〈여인의 향기를 머금은 커피〉는 커피 농장에서 커피 열매를 따면서 생계를 이어가는 청순한 여인 가비오타(Gaviota)와 커피 농장을 운영하는 부호(富豪) 옥타비오 바예호(Octavio Vallejo)의 아들 세바스티안(Sebastián)의 사랑 이야기다. 가비오타 역을 맡은 라우라 론도뇨(Laura Londoño)가 눈에 띈다. 콜롬비아 제2의 도시 메데진에서 태어난 저명한 여배우다. 콜롬비아에는 사슴의 눈처럼 깊고 온화한 눈을 가진 자연 미인이 많다. 라우라 론도뇨는 콜롬비아의 전형적인 미인의 기준에서는 좀 벗어나는 듯하지만 대단히 매력적이다. 〈귀여운 여인(Pretty Woman)〉`으로 스타덤에 오른 미국 여배우 줄리아 로버츠를 닮았다. 쿠바 출신의 미국 배우 윌리엄 레비(William Levy)가 세

[사진 5] 텔레드라마의 주인공 가비오타와 세바스티안.(출처: 넷플릭스)

바스티안 역을 맡았다. 그의 멋진 얼굴 윤곽이 인상적인데, 여성 편력이 언론에 소개되어 호의적인 이미지가 많이 흐려졌다고 한다.

가비오타는 스페인어로 갈매기라는 뜻이다. 손으로 일일이 커피 열매를 따는 힘든 일을 하면서도 항상 웃음을 잃지 않고 즐겁게 노래하는 가비오타의 모습이 희망을 품고 높이 비상하는 갈매기와 닮았다. 드라마의 중간중간에 가비오타가 커피 열매를 따면서 노래 〈가비오타〉를 부른다. 노래 가사의 첫 부분은 "저 멀리 높이 나르는 갈매기 / 날기 시작하면 멈추지 않은 갈매기 / 슬픈 갈매기여 결코 멈추지 말고 / 계속해서 노래하라 / 아마도 내일은 그대의 운명이 바뀔지니 / 계속해서 노래하라 / 나쁜 사랑은 그대의 운명 / ……"이다. 여기서 "나쁜 사랑"은 가비오타와 세바스티안의 사랑이 부딪치게 될 암초를 암시한다.

드라마에는 커피와 관련된 용어가 자주 등장한다. 커피나무를 카페토(cafeto), 커피 밭을 카페탈(cafetal)이라고 한다. 커피 경작자는 카피쿨토르(caficultor), 농업 기사는 인헤니에로 아그로노모(ingeniero agrónomo), 커피 수확 노동자는 코세체로(cosechero)라고 부른다. 과육 제거, 발효, 세척 등 커피를 가공하는 사람을 파티에로(patiero), 그런 작업이 이루어지는 장소를 베네피시오(beneficio) 또는 베네피시아데로(beneficiadero)라고 한다. 페르가미노 커피콩에서 껍질을 제거하는 사람을 트리야도르(trillador), 껍질을 제거하는 기계는 트리야도라(trilladora)다. 커피와 관련된 스페인어를 알아야 커피 농장주나 카타도르 또는 커피 관련 기관 인사들과의 대화가 순조롭다. 중남미에서는 농과대학에서 농업 경영이나 농업 기술을 전공한 사람을 인헤니에로 아그로노모라고 부르는데, 대형 농장주들은 이들 전문가를 고용해 농사를 짓는 경우가 많고, 급여도 적지 않아 많은 젊은이가 이 분야를 선호한다.

드라마의 주 무대인 마니살레스 소재 커피 농장 카사블랑카(Casablanca)의 2층 주택은 전형적인 식민시대 양식의 건물이다. 농장주 가족의 생활방식과 대화를 통해 당시 커피 생산지역의 삶을 엿볼 수 있다. 카사블랑카 농장의 규모는 250헥타르로, 대농장(hacienda)급이다. 현재 콜롬비아 커피 경작자들의 농장 규모는 90퍼센트 이상이 4헥타르 미만인데, 이런 커피 농장을 핀카(finca)라고 부른다. 커피 농사에 들어가는 비용과 판매하는 커피 가격을 감안할 때 이 같은 농장 규모로는 4인 가족을 부양하기가 버겁다. 과거

[사진 6] '베네피시오'라고 불리는 커피의 발효, 세척 등이 이루어지는 작업장.(출처: Hacienda La Minita)

에는 아시엔다가 많았으나 다수의 자식에게 분배해서 물려주게 되는 과정이 반복되면서 농장의 규모가 계속 작아졌다. 중남미의 모든 커피 생산국이 직면한 현실이다.

〈여인의 향기를 머금은 커피〉를 보면 1985년에 시드니 폴락 감독이 만든 〈아웃 오브 아프리카(Out of Africa)〉의 장면이 떠오른다. 대륙은 다르지만 이 영화에서도 커피 농장 얘기가 등장한다. 덴마크의 부자 여성인 카렌 브릭슨(메릴 스트립 분)이 아프리카 케냐에 와서 갖은 고생을 하며 키쿠유(Kikuyu)족 노동자들과 함께 커피 농장을 일군다. 〈여인의 향기를 머금은 커피〉에서 커피 열매를 따는 노동자들은 비교적 즐겁게 일하는 모습으로 표현되지만, 키쿠유족 노동자들은 옷차림새도 허름할 뿐만 아니라 몹시 지쳐 있다. 그럼에도 아프리카나 중남미에서 커피 수확 노동자들의 실제적인 삶은 매우 유사할 것이다. 아무튼, 〈여인의 향기를 머금은 커피〉에서 보여준 라우라 론도뇨와 윌리엄 레비의 달달한 연기가 인상적인데, 〈아웃 오브 아프리카〉에서의 메릴 스트립과 로버트 레드포드의 연기는 명불허전이다.

〈여인의 향기를 머금은 커피〉의 카사블랑카 농장의 가족은 커피에 설탕이 아닌 파넬라(panela)를 섞어 마신다. 콜롬비아에서는 아주 흔한 일이다. 파넬라는 사탕수수 즙을 졸여 응고시킨 것이다. 설탕으로 정제하지 않은 단계의 상품으로, 흔히 덩어리 또는 가루로 판매된다. 가정에서는 파넬라 덩어리를 녹여 설탕 대용으로 사용한다. 몸이 피곤하거나 감기 기운이 있을 때 뜨거운 리몬(limón: 우리가 아는 '레몬'보다 크기가 작고 초록색이다) 즙에 파넬라를 넣어 마시면 효과가 있다.

〈여인의 향기를 머금은 커피〉에는 상속과 관련해 재미있는 점이 있다. 농장주 옥타비오 바예호가 사망한 후 변호사가 그의 유언장을 공개한다. 자신의 재산을 미망인에게 37.5퍼센트, 여러 명의 자녀에게 37.5퍼센트를 나누어 준다는 것이다. 여기까지는 문제가 없다. 그런데 나머지 25퍼센트를 미망인을 통해 첫 번째 성(姓)이 바예호인 손자들에게 배분한다고 하자 사단이 발생한다. 결혼한 딸들이 항의를 한다. 자신들의 자녀가 사용하는 첫 번째 성이 바예호가 아니기 때문이다. 중남미 특유의 남성우월주의인 마치스모(machismo)의 단면을 엿볼 수 있는 부분이다. 콜롬비아는 물론 중남미 사람들은 보통 이름 두 개, 성 두 개를 사용한다. 한 개의 성명에 모두 4개의 단어가 사용되는 것이다. 첫 번째 성과 두 번째 성으로 아버지의 성과 어머니의 성을 순서대로 사용한다. 하지만 최근 들어 이름 하나에 아버지의 성만을 사용하는 사람도 많아졌다.

4. 쌉싸래한 커피를 마시는 콜롬비아 사람들

콜롬비아 커피생산자협회의 통계에 따르면, 2021년도 콜롬비아의 커피 수요는 60킬로그램들이 포대 240만 개였다. 2019년의 220만 포대에 비하면 상승 추세에 있다. 그런데 세계 3위의 커피 생산국인 콜롬비아가 커피를 수입한다. 2021년에 수입한 커피가 180만 포대에 달한다. 수입 커피는 대부분 국내에서 소비되는데, 국내 소비의 75퍼센트에 이른다. 콜롬비아가 국내 소비량의 75퍼센트가량을 해외에서 수입한다니 재미있기도 하고 놀랍기도 하다. 수입 커피 중 브라질 산이 60퍼센트가 좀 넘고, 페루 산이 28퍼센트, 에콰도르 산이 6퍼센트 정도를 차지한다. 말레이시아, 칠레 및 멕시코에서도 일부를 수입한다.

세계의 많은 사람이 탐을 내는 부드럽고 향기로운 콜롬비아의 아라비카 커피는 해외로 수출하고 콜롬비아 사람들은 낮은 등급의 외국산 커피를 수입해서 마신다. 카페인이 많이 함유된 쌉싸래한 로부스타나 저렴한 아라비카다. 콜롬비아 국민들이 안쓰럽다는 느낌마저 든다.

브라질에서 수입하는 커피가 가격이 낮고 향미가 부족한 것은 사실이지만 그렇다고 해서 모두 나쁘지만은 않다. 브라질의 국토 면적이 850만 평방킬로미터에 이를 정도로 광대하지만 면적의 60퍼센트가량은 해발고도가 200미터가 넘지 않기 때문에 커피나무가 자라기에 좋은 환경이 아니다. 따라서 처음에 브라질로 유입된 커피나무는 성장 환경이 적절한 곳을 찾아 이동해서 남동부의 고원지대에 자리를 잡았다. 미나스제이라스와 상파울루 주에 걸친 대서양 인접 지역으로, 해발고도가 300~900미터 정도다. 커피 재배 지역이 워낙 방대해서 대규모 기계 설비를 이용한다. 건기와 우기가 뚜렷하게 구분되기 때문에 가공은 거의 자연 건조 방식으로 이루어진다. 브라질 커피는 대부분이 로부스타라고 알려졌으나 사실 80퍼센트가 아라비카 종이다. 재나 흙의 향미를 지니고 부드러운지라 에스프레소 블렌딩의 재료로 많이 사용된다.

콜롬비아 국민이 양질의 자국산 커피를 마시지 못하는 것은 소득 수준이 낮기 때문이기도 하다. 봉급 생활자의 90퍼센트가량이 최저임금 수준의 급료를 받는다. 2022년의 최저임금은 월 100만 페소인데, 한화로는 30만 원 정도다. 이들이 파운드당 25,000페소 정도 되는 프리미엄급의 콜롬비아 산 커피를 마시는 것은 쉽지 않은 일이다. 수입 커피는 콜롬비아 수퍼마켓에서 '세요 로호(Sello Rojo)', '아길라 로하(Aguila Roja)' 등의 상표로 팔린다. 일부는 커피 엑기스나 커피 오일의 생산 원료로 사용된다.

콜롬비아 일부에서는 커피 수출 정책이 잘못되었다고 비판한다. 국내 커피 시장을 발달시켜 커피 수요를 진작시켜야 했다는 것이다. 다른 의견도 있다. 대다수의 콜롬비아 국민은 경제 사정상 수출 가격으로 팔리는 커피를 마실 수 없기 때문에 양질의 커피는 수출하는 것이 당연하다는 주장이다. 2021년도에 1,257만 포대를 생산해 1,245만 포대를 수출했다. 생산량의 99퍼센트를 수출한 것이다. 한편 콜롬비아는 여러 나라와 자유무역협정

[사진 7] 가장 많이 소비되는 '세요 로호' 및 '아길라 로하' 상표의 커피.

을 체결했고 그 협정에 따라 국내 커피 시장을 개방했으며, 기업들은 수익이 창출되면 어떤 나라의 커피든 수입할 수 있다.

대한민국 국민도 그랬다. 개발시대에 우리의 부모들은 해안에서 잡히는 양질의 생선과 양식으로 생산한 질 좋은 미역, 김 등 해조류는 모두 일본으로 수출했다. 그 돈으로 자녀를 교육시켰고, 국가적으로는 다리도 놓고 고속도로를 만들었다.

그런데 중남미에는 자국 국민이 좋은 것을 먼저 먹고 나머지는 수출하는 나라가 있다. 국내 수요가 확대되어 물가가 오르면 일단 해당 상품 수출을 금한다. 자국 상품의 수출에 수출세도 매긴다. 바로 아르헨티나다. 그렇다고 아르헨티나 국민의 삶의 질이 나아지는 것 같지는 않다. 빈부격차는 여전하고 넝마주이들이 쓰레기통을 뒤지며 거리를 배회한다. 그와 반대로 옆 나라인 칠레는 수출 지향적이다. 좋은 품질의 자국산 상품은 당연히 수출하고, 아르헨티나에서 질 좋은 포도주를 벌크로 들여와 이를 병에 넣고 포장해 수출한다. 아르헨티나 사람들이 칠레 사람들을 비난하면서 하는 얘기다.

2022년 초에 콜롬비아 커피생산자협회장인 로베르토 벨레스 바예호는 콜롬비아 국민 1인당 1년의 커피 소비량이 2.8킬로그램인데, 소비가 계속 증가하고 있다고 한다. 7, 8년 전에 1인당 커피 수요가 2.4킬로그램이었으니 그때보다 400그램 정도 늘었다고 볼 수 있다. 커피 한 잔에 10그램의 커피를 사용한다고 할 경우에 콜롬비아 국민은 하루에 채 1잔의 커피도 마시지 않는다는 계산이 나온다. 세계적으로는 네덜란드 사람들이 커피를 가장 많이 마신다. 2020년의 추정 소비가 1인당 8.3킬로그램이다. 스칸디나비아 국가들도 1인당 6-8킬로그램을 소비한다. 아마도 날씨가 춥기 때문인 것 같다. 콜롬비아에서 커피 소비는 증가 추세다. 커피생산자협회도 커피 소비 확대 캠페인을 벌이고 있다.

5. 동네 슈퍼마켓에 진열된 커피

현재 콜롬비아에서는 고급 커피에 대한 수요가 늘어나고, 상품도 다양해지고 있다. 동네 슈퍼마켓에 가보면 커피 판매대에 20여 개의 원두 또는 가루 커피 상품이 진열되어 있다. 국내 커피 시장 점유율이 가장 큰 상표는 누트레사 그룹의 '세요 로호'다. 커피 비즈니스가 확대되자 누트레사 그룹은 커피 생산 전문 기업인 콜카페를 설립해 인스턴트 커피 생산을 시작했다. '콜카페'라는 상표가 붙은 병에 담긴 이 제품은 콜롬비아에서 가장 대표적인 인스턴트 커피다. 콜카페의 국내 시장 점유율은 15퍼센트다. 콜카페는 1968년 '라 바스티야(La Bastilla)' 카페를 인수해 인스턴트 커피 '바스티야(BastiYá)'를 생산했다. 지금도 알갱이 모양의 바스티야 인스턴트 커피가 생산되고 있는데, 포장지에는 콜카페와 바스티야라는 이름이 각각 새겨져 있다. 현재 콜카페는 '세요 로호'와 '콜카페' 그리고 '마티스(Matiz)' 상표의 커피 캡슐도 생산한다. 콜카페는 메데진, 보고타, 이바게, 산타 마르타 시에 생산 공장을 갖고 있다.

15퍼센트의 국내 커피 시장 점유율을 가진 또 하나의 기업이 있다. 칼리 시의 '아길라 로하(Aguila Roja)'다. 이 기업은 이탈리아 이민자 가족이 1930년대에 설립한 것으로, 현재 칼리 이외에 쿤디나마르카와 카우카 주에 생산 공장이 있다. 콜롬비아 5대 커피 제품을 꼽으라면, '세요 로호', '콜카페', '아길라 로하' 이외에 '루카페(Lukafé)'와 '네스카페(Nescafé)'가 들어간다.

카사 루케르(Casa Luker)는 마니살레스 시에 근거지를 둔 유명한 초콜릿 제조업체다. 카사 루케르 사는 1991년에 마니살레스 시에 '루카페' 상표의 원두커피와 가루커피를 생산하는 공장을 설립했다. 지금은 '루카페' 이외에 '뉴 콜로니(New Colony)', '아로마(Aroma)', '트로피칼(Tropical)' 상표의 원두커피, 가루커피, 인스턴트 커피를 생산한다.

네스카페는 스위스 기업인 네슬레의 자회사로, 1943년부터 콜롬비아에서 활발하게 커피 사업을 해오고 있다. 특히 인스턴트 커피의 최강자로, 바예 데 카우카 주의 부갈라그란데(Bugalagrande)에 공장이 있다. 네슬레에게 콜롬비아는 브라질에 이어 두 번째로 큰 사업장이다. 콜롬비아에서 생산된 제품은 60퍼센트가 국내에서 소비되고 나머지는 에콰도르, 페루, 프랑스, 일본, 캐나다로 수출된다. 네스카페는 '네스카페' 이외에도 '산투아리오(Santuario)', '안티오키아(Antioquia)', '산 아구스틴(San Agustín)' 상표의 인스턴트 커피도 생산한다.

스페셜티 커피, 유기농 커피, 원산지 커피 등 고급 커피에 대한 수요가 확대되자 콜롬비아에도 '후안 발데스', '카페 킨디오(Café Quindío)', '아모르 페르펙토', '오마(Oma)' 등 새로운 제품이 출시되었다. 후안 발데스는 콜롬비아 국내외에서 고급 커피로 팔리고 있으며, 특히, 공항, 호텔 등 관광객의 접근이 용이한 장소에 매장을 두고 있다. 오랜 역사와 정치적 영향력을 지닌 콜롬비아 커피생산자협회가 후안 발데스의 주인인데, 상표가 널리 알려져 사업 규모가 확대되고 있다. 보고타 엘 도라도 국제공항의 후안 발데스 매장은 항상 사람들로 붐빈다. '오마'는 독일어로 할머니를 친근하게 부르는 명사인데, 1970년에 처음으로 상점을 열어 현재는 전국적으로 수십 개의 카페와 커피 판매장을 운영함으로써 프리미엄 커피로 자리를 잡아가고 있다.

6. 커피여왕선발대회

콜롬비아 사람들에 따르면, 세계 미인선발대회에도 그랜드 슬램이 있다. 그랜드 슬램은 미스유니버스, 미스월드, 국제 커피여왕선발대회(Reinado Internacional del Café)에서 우승하는 것이다.

국제 커피여왕선발대회는 마니살레스 축제(Feria de Manizales)의 다양한 프로그램 가운데 하나다. 라틴아메리카의 대표적인 축제로, 콜롬비아의 공영 텔레비전 채널인 〈텔레카페(Telecafé)〉뿐만 아니라 위성으로 세계 전역에 중계된다. 마니살레스 축제의 다른 미인대회와는 심사 방식이 약간 다르다. 후보들의 수영복 심사, 인터뷰, 전통 의상 심사 이외에 차폴레라(chapolera) 행진 등이 있다. 차폴레라는 커피 열매를 딸 때 여성이 입는 전통적인 복장인데, 보통은 자잘한 꽃무늬가 새겨진 빨간색 계열의 치마와 흰색 블라우스, 앞치마로 이루어진다. 선발된 커피 여왕은 세계에서 가장 아름다운 여성 커피 경작자라는 자격으로 1년 동안 활동한다.

2022년 1월에 제65회 마니살레스 축제가 열렸는데, 국제 커피여왕선

발대회로는 50번째였다. 베네수엘라의 이스멜리스 벨라스께스(Ismelys Ve-
lázquez)가 커피 여왕으로 선발되었다. 부여왕(副女王, Vireina)으로는 브라질
대표가, 제1공주(Primera Princesa)로는 콜롬비아의 마리아나 로아이사 시푸
엔테스(Mariana Loaiza Cifuentes)가, 제2공주 및 제3공주로는 엘살바도르와 미
국 대표가 각각 선발되었다. 미스 베네수엘라였던 이스멜리 벨라스케스는
2020년의 미스메소아메리카 인터내셔널(Miss Mesoamerica International)에서 우
승한 적이 있다. 마리아나 로아이사 시푸엔테스는 2021년 11월 킨디오 주
에서 개최된 콜롬비아 커피여왕선발대회에서 우승한 뒤 콜롬비아 대표로
참가했다.

예선대회 당시 바예 데 카우카, 킨디오, 안티오키아, 아틀란티코 및 리사
랄다 주 대표 5명이 결선에 진출했는데, 이들에 대한 사회자의 인터뷰 질문
이 이채로웠다. "새로운 세대들이 커피 농장으로 돌아가 커피 경작자가 되
도록 하려면 어떤 전략이 좋겠습니까?"였다. 시푸엔테스의 답변도 명쾌했
다. "모든 중고등학교와 대학교에서 학생들이 커피와 커피 농장에 관해 보
다 많은 대화를 나누도록 해야 합니다. 왜냐하면 우리가 커피와 커피 농장
을 방기해 버렸기 때문입니다. 우리는 커피를 공부하고 커피에 대해 더 많
이 알며 커피를 사랑해야 합니다. 국가의 발전과 더불어 우리가 더 성장하
고 변화되기 위해서는 그것들을 버리지 않아야 합니다." 콜롬비아 커피 농
업이 직면한 현실을 제대로 반영하는 날카로운 질문과 지혜로운 답변이다.

국제 커피여왕선발대회는 1957년에 처음으로 개최되었다. 당시에는 중
남미의 지역 대회였기 때문에 중남미의 15개 국가가 참가했으며, 대회 이
름도 대륙 커피여왕선발대회(Reinado Continental de Café)였다. 1972년 대회에
서 세계 커피 생산국으로 문호가 개방되어 1979년에는 미국이, 1987년에
는 스페인이 역외국 대표로 참가했다. 이 대회의 지명도가 높아짐에 따라
일부 국가는 미스유니버스 대표로 선발된 자국 대표를 커피여왕선발대회

에 참가시키기도 했다.

2013년에는 아시아에서 처음으로 대만이 대표를 보냈다. 2021년에는 코로나바이러스 감염증이 확산되는 바람에 개최되지 못했다. 50번의 대회에서 브라질이 8회, 콜롬비아가 6회, 베네수엘라가 5회 그리고 코스타리카가 4회 커피 여왕을 배출했다. 스페인과 독일도 각각 2회씩 우승했으며, 2015년에는 일본의 유리 우치다(Yuri Uchida)가 커피 여왕으로 선발되었다.

중남미에서는 미인대회가 특별히 주목을 끈다. 콜롬비아 TV 드라마에 나오는 여배우들은 대부분 미인이다. 여성 아나운서도 미스 콜롬비아에 필적하는 미인이다. 중남미에 마치스모 문화가 편만해 있고, 가난한 사람들은 미인이 등장하는 드라마와 미인대회를 통해 대리만족을 느끼기 때문이 아닐까 생각된다. 중남미에서는 국제 커피여왕선발대회가 커피 홍보에서 매우 효과적인 수단 가운데 하나로 보인다.

7장
콜롬비아 커피 산업 구조

1. 커피 산업의 대부, 커피생산자협회

커피가 콜롬비아 경제를 이끄는 역할을 하고 국민 생활에도 영향을 끼치게 되자 커피에 관한 정부의 결정이 관심사로 대두했다. 예를 들어 커피에 부과되는 조세는 대형 농장, 중소 커피 수출 기업, 수백만 명에 이르는 영세 생산자 모두에게 지대한 영향을 미친다. 커피 생산 규모가 확대되자 가뭄이나 홍수 등으로 생산에 차질이 발생하거나 수출 기업들 간에 갈등으로 수출에 문제가 생기면 커피 산업 전체뿐만 아니라 더 나아가 국민 생활 전반에 위기가 닥쳤다.

이 같은 환경하에서 커피 산업을 보호하는 기관이 필요하다는 의견이 대두되었고, 마침내 1927년에 콜롬비아 커피생산자협회(FNC/Federación Nacional de Cafeteros)가 탄생했다. 콜롬비아 경제에서 커피가 차지하는 비중이 높다 보니 커피 문제가 국제 관계에 지대한 영향을 미친다. 커피생산자협

[사진 1] 보고타 시에 위치한 콜롬비아 커피생산자협회(FNC) 건물.(출처: FNC)

회의 정책과 입장이 일반 외교 현안보다 더 중요하게 대두되는 경우도 있다. 커피 산업은 보통사람에게도 중요한 사안이다. 커피 농장주, 커피 수출업자, 커피 산업에 고용된 노동자와 가족은 모두 자신들의 삶을 커피 수확, 가공, 커피 가격 등에 의존한다. 커피 산업에 종사하는 젊은 커플조차도 커피 수확량과 커피 가격이 좋아야 결혼할 수 있을 정도다. 정부도 마찬가지다. 국제 커피 가격의 부침에 따라 정부의 세수와 예산의 규모가 달라진다.

앞서 언급했다시피 콜롬비아 커피생산자협회는 유구한 역사를 지닌 대표적인 비영리 민간 단체로, 커피를 생산하는 23개 주 중에서 15개 주에 지부(Comité)를 두고 있다. 협회에는 총 56만 커피 농가 가운데 36만 가구가 가입해 있다. 즉 콜롬비아 커피 경작자의 3분의 2가 회원인 셈이다. 협회는

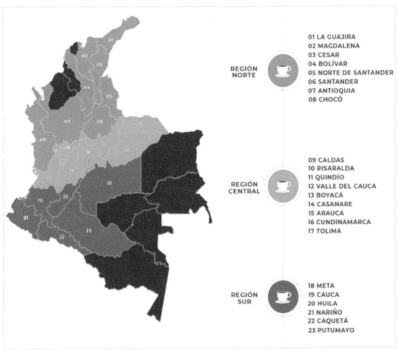

[그림 1] 콜롬비아에서 커피를 생산하는 23개 주.(출처: realacademiadelcafe.com)

정부와 함께 커피 경작 및 유통 관련 정책을 수립한다. 국내 커피의 기준가격을 정하고 국가 커피기금(Fondo Nacional de Café)을 운영하면서 기금으로 커피 연구와 기술 보급도 담당한다. 한마디로 말해 콜롬비아 커피 산업의 대부(Godfather)라고 할 수 있다.

커피생산자협회의 가장 중요한 기능은 커피 농가로부터 기준가격에 따라 커피를 구매하는 것이다. 회원으로 등록한 커피 경작자는 금융 및 보조금 혜택과 더불어 '지속가능한 경작 인증(sello)', '커피 농장 인증(certificación)' 등 협회가 제공하는 각종 자격증을 받을 수도 있고 농자재 구입에도 혜택을 받는다. 커피 경작자들은 커피생산자협회로부터 파종에서 생산 및 수확 후 관리까지 기술 지원 등 각종 서비스를 받는다. 커피생산자협회는 콜롬비아 산 커피의 25퍼센트를 수출하는 최대의 수출 기관이기도 하다. 건조된 페르가미노 커피를 구입해 원두로 가공한 후 자회사인 알마카페를 통해 수출한다. 커피수출허가증도 발급한다.

커피생산자협회는 비영리 민간단체로 등록되어 있지만 정부가 만든 국가커피기금을 운용하고 커피 관련 국제회의에서 콜롬비아를 대표하며 커피 산업 정책을 수립하고 이행하기 때문에 엄밀하게 말하자면 민간 단체라고 볼 수도 없다. 커피생산자협회 조직에도 정부 인사가 들어가 있고 커피생산자협회장도 정부의 승인을 받아 선출된다. 과거에는 커피생산자협회장이 국립중앙은행 이사회, 중장기경제사회정책 집행이사회, 대외무역정책 이사회에 참석하기도 했다.

커피생산자협회의 리사랄다 주 지부에는 100여 명의 직원이 근무한다. 특별한 프로젝트가 시행될 경우, 고용 확대 차원에서 100~300명의 추가 고용이 이루어진다. 커피생산자협회의 각 지부 위원회(Comité Departamental)는 정위원 6명과 후보위원 6명으로 구성되는데, 이들은 4년마다 커피 경작자들의 투표에 의해 선출된다. 위원회가 의회의 역할을 하는 셈이다. 15개의 주 위원회는 임명직인 커피생산자협회 지부장(Director Ejecutivo del Comité Departamental) 및 행정관리들을 관리감독한다.

모든 커피 경작자가 투표권을 갖는 것은 아니다. 보야카 주 지부의 경우에는 0.5헥타르 이상의 경작지를 보유한 커피 경작자에게 투표권이 부여된다. 15개 주의 지부 산하에는 하부조직인 시 지부(Comité Municipal)가 있는데, 전국적으로 400여 개의 시 지부가 운영되고 있다. 15개 지부에 소속된 총 90명의 위원은 매년 12월 첫째 주에 보고타에 모여 3일 동안 커피생산자협회 총회를 개최해 커피 산업 전반을 논의하고 의결한다. 커피 산업이 콜롬비아 경제에서 차지하는 비중과 영향력이 매우 큰지라 통상적으로 대통령이 총회에 참석해 연설한다. 총회에서 커피생산자협회장을 선임한다.

한편, 15개 주의 지부 위원회는 각 지부의 커피 경작자 중에서 각 1명의 대표자(delegado 또는 representante)를 선정하는데, 이들 15명은 감독위원회(Comité Directivo)를 구성해 커피생산자협회의 각종 업무를 감독한다. 대표자를 정위원이나 후보위원 중에서 선발할 수도 있고 다른 경작자 중에서 선택할 수도 있다. 이들은 중앙정부나 의회를 통해 로비와 홍보를 하는 등 커피 경작자의 이익을 대변한다. 또한 이들 15명은 정부 대표 4명, 즉 재무장관, 농업장관, 통상장관 및 국가기획처장과 함께 국가커피위원회(Comité Nacional de Cafeteros)를 구성해 국가 커피기금을 관리하고 감독한다.

커피 농가가 56만 개이니 어림잡아 커피 경작으로 생계를 이어가는 인구는 250만 명 정도 된다. 커피 산업으로 약 200만 개의 일자리가 창출된다고 하니 커피로 먹고 사는 인구가 어느 정도인지 가히 짐작할 만하다. 커피는 콜롬비아 농업 생산의 17퍼센트, 농산품 수출의 30퍼센트 이상을 점유한다. 이 같은 통계가 커피생산자협회의 권한과 능력을 잘 나타내주고 있다.

콜롬비아에서는 커피생산자협회 등 기존의 커피 관련 기관의 역할과 관련한 2가지 논쟁이 있어 왔다. 커피생산자협회가 국가 커피기금을 운영하는데 적자가 발생하면 정부의 재정으로 메꾸어 준다. 그래서 커피기금이 부족할 경우 정부의 재정에 큰 부담이 된다. 한편, 커피 경작자는 자신이 부담하는 기여금이 과연 효율적으로 집행되는지에 의문을 갖는다. 국가 커피기금의 재원이 콜롬비아에서 수출하는 커피에 대해 징수하는 기여금으로 조성되기 때문이다. 다른 하나는 커피 시장에 대한 커피생산자협회의 규제나 정부의 커피 교역 정책 운용이 과연 커피 경작자에게 도움이 되느냐에 관한 사항이다. 일부에서는 커피생산자협회의 가격보장 제도가 독과점 구조를 고착시켜 시장의 왜곡을 가져온다고 주장한다.

커피생산자협회의 입장은 분명하다. 지금까지 협회가 커피 농가의 발전에 기여해 왔으며, 특히 시장에서 소외된 영세 커피 경작자들에게 늘 대안이 되어왔다는 것이다. 협회의 입장에서 보면 억울한 생각도 들 것이다. 과거 어려운 시절에 커피 농가의 발전을 위해 혼신을 기울여 왔는데 정작 커피 경작자들로부터 의심을 사고 있기 때문이다.

커피 산업이 국가 경제에서 차지하는 비중이나 정치적·사회적 영향력 때문에 커피생산자협회장의 위상은 다른 직능단체장과는 비교가 안 될 정도로 높다. 2015년에 회장으로 선출된 로베르토 벨레스 바예호가 주도하는 커피생산자협회는 커피 산업의 생산성을 높이고, 커피 농가가 채무를 청산하고 보다 많은 수익을 내면서 지속가능한 커피 생산 활동을 할 수 있도록 노력을 집중하고 있다. 아울러 커피생산자협회에 대한 비판을 염두에 두고서 협회 조직의 민주화를 촉진하고, 새로운 정관과 새로운 윤리 규정을 마련하고 있다. 수출 규제 개선과 아울러 새로운 국가 커피기금 협정을 체결하고, 국가 커피기금에 대한 의존도를 줄이기 위한 사업도 추진하고 있다.

벨레스 바예호 회장은 리사랄다 주의 수도인 페레이라의 전통적인 커피 농장 가문에서 태어났다. 과거에 커피생산자협회에서도 근무를 했지만, 말레이시아, 아랍에미리트 및 일본 주재 대사직도 역임했다. 커피에 대한 전문성을 갖췄을 뿐만 아니라 세련되고 신사다운 언행으로 커피 산업 관계자들로부터 호의적인 평가를 받고 있다.

2. 커피생산자협회의 산하기관들

커피생산자협회 산하에는 커피 연구기관인 세니카페와 커피 유통의 물류부분을 담당하는 알마카페가 있다. 커피 수출기관인 엑스포카페는 커피조합에 소속해 있지만 커피생산자협회가 일정 지분을 보유하고 있기 때문에 커피생산자협회가 엑스포카페의 활동에 관여한다. 커피생산자협회는 커피 경작자들의 이익을 대변하는 비영리 민간단체로 등록되어 있지만 영리활동을 하는 2개의 자회사, 즉 후안 발데스 커피점을 운영하는 프로카페콜(Procafecol)과 동결 건조 인스턴트 커피를 생산하는 부엔카페(Buencafé)를 거느리고 있다.

:: 세니카페

1938년에 설립된 국립커피연구소(Centro Nacional de Investigaciones del Café) 세니카페(Cenicafé)는 세계적으로 명성이 자자하다. 칼다스 주의 친치나(Chinchiná)시에 본사가 있고, 8개의 분소를 운영한다. 이곳에서는 박사 및 석사를 포함해 200여 명의 연구원이 커피 신품종 개발, 병충해 연구, 커피나무의 생산 개시 시간 단축, 생산성 향상 방안, 커피 마케팅 기술 등을 연구한다. 한국의 대학생 몇 명도 이곳에서 전문연구원들의 지도를 받아 연구를 수행하고 있다.

세니카페는 커피 경작자들의 소득 향상을 위해 '농업경제 강화, 생산성 향상 및 품질 제고' 전략을 추진해 오고 있다. 특히, 단위 경작 면적당 커피나무 입식 확대, 커피나무의 교체를 통한 커피나무의 평균 나이 축소, 커피 녹병에 내성을 지닌 커피 품종 개발 및 신품종 경작 확대, 기후변화 대응 시스템 구축 등에서 많은 성과를 내고 있다. 그동안 세니카페는 커피 녹병에 강한 내성을 지닌 '콜롬비아' 품종과 '카스티요' 품종을 개발했다. 병충해에 강할 뿐만 아니라 생산성도 높은 '세니카페 1' 품종 개발에도 성공했다.

:: 알마카페

커피생산자협회의 물류 전문 자회사인 알마카페(Almacafé S.A.)의 정식 명칭은 'Almacenes Generales de Deposito de Café S.A.'다. 1965년에 커피 경작자들의 복지 향상을 위해 비영리 기업으로 설립되었다. 커피생산자협회와 계약을 맺어 커피 구입과 운송, 보관, 수출 세관 업무, 커피의 품질관리, 커피 생산자협회로부터 받은 커피 구입 자금의 관리 등의 업무를 수행한다. 현재 전국에 18개 지점(Sucursal) 또는 사무소(Agencia)를 운영하고 있다. 태평양 연안의 부에나벤투라 지점과 대서양 연안의 카르타헤나 지점은 세관 업무를 위해 설립되었고, 44명의 세관 업무 담당자가 지정되어 커피 수출 편의를 제공한다. 알마카페는 트럭으로 운영되는 이동식 커피 평가소(Taza Móbil)도 운영한다.

알마카페는 커피생산자협회가 정한 국내 커피 기준가격표에 따라 커피를 구매한다. 커피 경작자들은 껍질이 붙어 있는 페르가미노 커피를 커피조합에 판매하고, 알마카페는 커피조합으로부터 페르가미노 커피를 구입해서 생두로 가공해 수출하거나 국내에 판매한다. 커피 가격을 보장하기 위해 국가 커피기금을 사용하기 때문에 금융감독청(Superintendencia Finaciera)과 회계감사원(Controlaria General)의 감독을 받는다.

[사진 2] 알마카페가 운영하는 이동식 커피 평가소.(출처: almacafe.com)

알마카페는 ISO 9001 표준을 사용하며, 4PL(Fourth Party Logistics) 물류 서비스를 제공하는 콜롬비아 최고 기업으로 선정된 적이 있다. 콜롬비아수출협회(ANALDEX)가 수여하는 최고 수출기업으로 선정되기도 했다.

:: 프로카페콜

2002년에 설립된 프로카페콜(Procafecol S.A.)은 한국에서도 유명한 후안 발데스 커피를 제공하는 기업이다. 이 기업의 정식 명칭은 'Promotora de Café Colombia S.A.'다. 프로카페콜은 자체적으로 커피숍을 운영하기도 하고 제3자에게 프랜차이즈를 제공해 고급 콜롬비아 커피 상품을 마케팅한다. 콜롬비아 커피생산자협회는 2002년 12월에 수도 보고타의 엘 도라도 국제공항에 최초의 매장을 개업하고, 외국에는 2004년에 처음으로 미국 워싱턴 D.C.에 매장을 열었다. 현재는 콜롬비아 국내에 313개, 세계 13개국에 132개의 매장을 운영하고 있다.

[사진 3] 보고타의 엘 도라도 국제공항에 위치한 후안 발데스 1호점.(출처: 저자 촬영)

그 이외에도 프로카페콜은 호텔, 레스토랑, 항공사, 슈퍼마켓 등 291개의 기업과 협력 또는 도매 판매 협력 채널을 구축하고 있다. 한국에도 2014년에 동대문디자인플라자(DDP)에 프랜차이즈 매장을 연 적이 있는데 매장을 철수한 것은 후안 발데스 커피 제품의 문제가 아니라 한국 파트너의 재정적인 문제 때문이었다고 한다. 프로카페콜은 재정적 능력을 보유한 한국 파트너와 손을 잡아 한국 매장을 다시 열 수 있기를 희망하고 있다.

:: 부엔카페

부엔카페(Buencafé S.A.)는 커피생산자협회(FNC)의 사회사로, 농결 건조 인스턴트 커피를 생산한다. 동결 건조 인스턴트 커피는 1960년대에 처음 출현한 것으로, 갓 그라인딩한 커피만큼의 맛과 향기를 지니고 있다.

콜롬비아 커피생산자협회는 1973년에 칼다스 주의 친치나 시에 부엔카페 공장을 설립해 현재는 연간 약 13,500톤의 동결 건조 인스턴트 커피를 생산한다. 부엔카페는 60개가 넘는 국가에 수출되는데, 멕시코를 포함한 북미와 유럽이 주요 고객이다. 부엔카페는 암스테르담, 뉴욕, 상하이, 도쿄에 사무소를 두고 있다.

소비자들의 취향을 반영해 디카페인 인스턴트 커피와 바닐라, 캐러멜 등 다양한 향을 지닌 인스턴트 커피를 생산한다. 커피 생산 후 잔여 물질을 발전용 보일러의 연료나 비료 등으로 사용한다. 부엔카페의 수익은 국가 커피기금으로 들어간다. 재미있는 사실은 커피 가격이 낮을 때에 오히려 부엔카페의 수익이 늘었다는 것이다. 부엔카페가 콜롬비아 커피 산업에 안정화 역할을 하고 있는 것이다.

:: 엑스포카페

엑스포카페(Expocafé S.A.)는 1985년에 콜롬비아의 커피 경작자, 커피조합 및 커피생산자협회 간의 합의에 따라 탄생한 기업으로, 커피조합은 엑스포카페를 통해 커피를 수출한다. 엑스포카페는 법적으로 커피조합의 산하기업이지만 커피생산자협회가 지분 20퍼센트를 보유하고 있다. 정식 회사명은 Sociedad Exportadora de Café de las Cooperativas de Caficultores S.A.다.

엑스포카페는 볼카페(Volcafé), 네우만 그룹(Grupo Neumann), 루이스 드레이푸스(Louis Dreyfus), 네스카페, 미쓰비시 같은 커피 수출기업들과 비교할 때, 커피조합이 운영하는 500여 개의 커피 구입소와 11개의 트리야도라(trilladora: 커피 탈각소)를 활용할 수 있다는 이점을 갖고 있다. 커피 수입업자들은 각 지방의 커피조합이나 엑스포카페를 직접 방문해 커피를 고르고 시음하면서 협상을 해 커피를 구입할 수 있다.

3. 33개의 커피조합

콜롬비아에는 33개의 지역 커피조합(Cooperativa)이 운영되고 있는데, 커피생산자협회와 커피조합들은 긴밀한 협력 관계를 구축하고 있다. 각 주의 수도에 위치한 커피생산자협회 지부와 커피조합은 대부분 서로 가까운 거리에 위치해 있다. 이들은 지역 차원에서 커피 경작자들을 지원하는 조직이다. 가장 중요한 임무는 페르가미노 커피를 국내 기준가격으로 구입해 그대로 판매하거나 생두로 가공하고 보관·선별·포장해 판매하는 일이다. 커피조합이 구입하는 커피는 콜롬비아 총 생산량의 30퍼센트 정도라고 한다. 커피조합의 또 다른 서비스는 영세 커피농에게 금융 서비스를 제공하는 것이다.

콜롬비아의 커피 경작자 지원조직은 커피생산자협회와 커피조합의 이중 체계로 구성되어 있다. 커피생산자협회는 커피조합을 창설한 기관인 동시에 커피조합과 협력 관계를 맺고 있다. 또한 커피생산자협회는 커피조합을 통해 커피 생산자들에게 국내 기준가격을 보장한다. 쉽사리 이해하기는 어렵겠지만, 이처럼 2분화된 구조는 형식적인 것일 뿐, 기능이 일정 부분 중복되는 커피생산자협회와 커피조합은 서로 뗄 수 없는 협력 관계를 맺고 있으며, 지분으로도 얽혀 있어 동일한 조직이라고 해도 무방할 것이다. 다만 커피조합은 조합원에게만 기술 지원 등의 서비스를 제공하는 반면에 커피생산자협회는 조합원이 아닌 커피 생산자에게도 서비스를 제공한다는 점에서 차이가 있다.

리사랄나 주에는 커피조합이 하나다. 리사랄다 주에 커피 농가가 그리 많지 않다는 의미다. 조합에서는 커피 평가실을 두고 조합에 들어오는 커피의 질을 평가해 등급을 정한다. 커피 평가실에는 카타도르가 고용되어 있고, 실험 기구들이 비치되어 있다.

리사랄다 조합에는 3,500여 개의 커피 농가가 회원으로 가입해 있는데,

대부분이 영세 농가다. 리사랄다 조합은 1개의 트리야도라(커피 탈각소)와 18개의 커피 구입소, 16개의 농자재 판매소를 운영한다. 커피조합은 회원 뿐만 아니라 비회원으로부터도 커피를 구입한다. 커피조합은 비영리기관 이기 때문에 1.8퍼센트 정도의 수익만을 확보해 조합의 행정 비용으로 사용한다.

나리뇨 주에는 서부 지역과 북부 지역에 각각 1개씩, 2개의 커피조합이 있다. 1977년에 파스토 시에 설립된 서부조합(Cafeoccidente)에는 현재 2,100여 개의 커피 농가가 회원으로 등록되어 있고, 20개의 커피 구입소와 10개의 농자재 창고를 운영한다. 나리뇨 서부에서 생산되는 커피는 강한 산미, 뛰어난 향 및 높은 당도로 유명하다. 2005년에 산도나(Sandoná) 지역에서 생산된 커피가 콜롬비아 컵 오브 엑설런스에서 93.13점으로 우승했고, 2008년에도 차차기(Chachaguí) 지역의 커피가 92.39점을 얻어 최고의 평가를 받았다. 북부조합은 라 우니온(La Unión) 시에 위치해 있다. 이들 2개의 커피조합은 나리뇨 주에서 생산되는 커피의 45퍼센트를 구매한다.

4. 콜롬비아 국가 커피기금

제2차 세계대전이 발발하자 독일의 잠수함이 대서양에 출몰하면서 상품의 운송이 위험에 처하자 유럽의 시장이 고립되었다. 커피와 같은 1차 산품은 대공황 시기보다도 더 큰 위기를 맞았다. 미국은 파나마 운하와 같은 주요 자산이 위험에 처하게 될까 봐 전전긍긍했다. 미국은 중미 지역과 안데스 지역 국가들의 지지가 필요했다. 그들의 지지를 확보한다는 차원에서 최소 커피 가격을 보장하면서 커피 생산국의 수출 한도를 설정하는 커피 쿼터 협정을 체결했고, 이 협정을 통해 독일의 잠재적인 공격에 대응하는 데 필요한 항구들을 확보할 수 있었다.

이 협정에 따라 커피 가격이 상승하고, 커피 생산국들의 국가 재정도 좋아졌다. 그 같은 환경에서 정부의 개입주의가 정당성을 얻게 되었다. 이런 분위기를 활용해 콜롬비아 정부는 1940년에 국가 커피기금을 창설했고, 이를 계기로 정부와 커피 생산자들 간의 협력 관계가 강화되었다.

정부는 커피기금으로 커피를 구입할 수 있는 재정 능력을 확보하게 되고, 커피가 과잉 생산될 경우에 이 기금을 활용해 적절한 대책을 마련할 수 있게 되었다. 이 기금으로 커피에 관한 연구, 커피 농가와의 직접 접촉을 통한 각종 기술 지원, 경쟁력 및 생산성 증진 프로젝트, 그리고 커피 농가의 복지 증진 프로그램 등을 지원한다. 커피 농가와의 직접 접촉을 통한 지원 프로그램을 '확대 서비스(Servicio de Extención)'라고 하는데, 1,500명이 넘는 전문가가 이 프로그램을 통해 활동한다. 이 기금이 공공재정 확보, 투기 세력 통제, 대외 교역 안정, 생산성 향상 등의 역할을 함으로써 궁극적으로 커피 경작자들에게 많은 이익이 돌아갔다. 국가 커피기금이 창설됨으로써 커피 경작자들은 국제 커피 가격의 부침에 따른 걱정에서 해방될 수 있게 되었다.

콜롬비아의 커피 생산이 1990년에 1,600만 포대(60킬로그램짜리 생두)를 기록한 후 계속 하락해 2012년에는 770만 포대를 기록했다. 결국 콜롬비아는 베트남에 추월당해 세계 제3위 커피 생산국으로 주저앉았다. 이에 따라 국가 커피기금에 대한 수요가 감당하기 어려울 정도로 늘어났다. 특히 2013년에 국내 커피 가격이 대폭 하락하자 커피수익보호 프로그램(PIC)이 가동되었다. 국내 페르가미노 커피 가격이 1카르가(1carga는 125킬로그램에 해당)당 70만 페소 이하로 하락하면 145,000페소의 보조금을, 48만 페소 이하로 하락하면 165,000페소의 보조금을 커피 농가에 지급했다. 2012년부터 2014년까지 콜롬비아의 커피 농가는 국제 커피 가격보다 18퍼센트나 높은 가격을 받았다.

국가 커피기금은 법률적으로 1개의 법과 3개의 시행령에 따라 창설되었다. 재원 조달은 시행령 2079호에 규정되어 있다. 콜롬비아 정부는 국가 커피펀드 조성을 위해 채권을 발행하고, 아울러 흠결이 있는 커피를 정부에 판매하는 커피 경작자들에게 세금을 부과하기로 했다. 당시 정부는 파시야(pasilla)라고 불리는 흠결 있는 커피 또는 저품질의 커피를 커피 경작자들로부터 구입하고, 파시야를 판매한 커피 경작자들에게 세금을 걷었다.

나중에는 수출하는 커피에 기여금(contribución)을 징수하는 식으로 재원 조달 방법을 바꾸었다. 일종의 수출세다. 현재 정부는 수출되는 생두 1파운드당 미화 6센트를 기여금 명목으로 징수한다. 로스트된 커피는 1.08센트, 인스턴트 커피는 0.48센트, 커피 엑기스에 대해서는 0.36센트를 징수한다. 1989년의 커피 자유화 이전에 콜롬비아가 커피 수출로 최대의 외화를 벌어들일 때 이 기여금은 파운드당 미화 15센트를 넘었다. 이 기여금으로 국가 커피기금을 조성하는데, 이 기금은 주로 커피 경작자로부터 커피를 국내 기준가격으로 구입하는 데 사용된다. 그 이외에 세니카페를 통한 커피 연구, 커피 경작자들에 대한 기술 전수, 커피 경작 지역의 인프라 구축, 홍보 등에도 기여금이 사용된다. 커피생산자협회는 파운드당 징수하는 6센트의 기여금 중 운영 자금으로 최대 3센트까지 사용할 수 있다. 커피생산자협회는 10년마다 국가 커피기금의 운용을 점검해 개선한다. 최근의 기금운용 계약은 2016년에 체결되었다.

5. 콜롬비아 국내 커피 기준가격

콜롬비아 커피생산자협회가 정하는 국내 커피 기준가격은 매일 뉴욕 커피

거래소의 종가(終價)와 페소화 환율을 고려해 환산되고, 여기에 약간의 할증료(prima)가 더해진다. 할증료는 국제커피기구가 콜롬비아에 정한 지수와 아라비카 품종 커피 지수 간의 차이로 환산된다.

예를 들어, 2021년 12월 30일 뉴욕 커피 시장의 커피 가격은 파운드 당 2달러 28센트였다. 이를 토대로 콜롬비아 커피생산자협회가 정한 커피 기준가격은 125킬로그램 한 포대당 2,120,000페소다. 이를 미화 1달러당 3,900페소 환율로 환산하면 543달러다. 이 기준가격은 3개의 가격 조정 요소에 따라 더해지거나 감해진다. 3개의 요인은 생산 지역, 생두의 수익률 및 오염도. 생산 지역 즉, 커피를 구입하는 알마카페 지점의 소재지에 따라 2,000페소 정도 더 많거나 적다.

2021년 12월 30일의 가격기준표에 따르면 산타 마르타(Santa Marta) 시 소재 알마카페가 구입한 커피 가격이 가장 높고, 쿠쿠타(Cúcuta) 알마카페가 구입한 가격이 가장 낮다. 생두의 수익 요인에 따라 기준가격의 가감이 있다. 생두의 수익 요인은 70킬로그램의 흠결 없는 생두를 얻는 데 필요한 페르가미노 커피의 무게다. 생두의 무게는 페르가미노 커피 무게에서 껍질 무게와 흠결 있는 커피콩의 무게를 빼면 나온다.

커피생산자협회에서 제시하는 기준가격은 생두의 수익률이 94일 경우로 환산한 가격이다. 생두의 수익률이 94라고 하면 생두 70킬로그램을 얻는 데 94킬로그램의 페르가미노 커피가 필요하다는 의미다. 생두의 수익률이 94보다 높을 경우 페르가미노 커피의 가격이 기준가격보다 줄어들고, 94보다 낮아지면 기준가격보다 늘어난다. 2021년 12월 30일의 커피 기준가격표에 따르면 생두의 수익률이 89일 경우, 한 포대당 기준가격은 2,205,375페소인 반면, 생두의 수익률이 99일 경우는 2,043,625페소다. 따라서 생두의 수익률에서 10포인트 차이가 있을 때는 기준가격에 161,750페소 차이가 발생한다.

카타도르가 커피를 시음할 때 오염 요인이 발견될 경우, 커피의 가격은 기준가격에서 감해진다. 커피에서 페놀 성분, 썩은 냄새 또는 화학물질이 감지될 경우에는 기준가격에서 88,000페소, 커피가 발효되어 식초 맛이 느껴질 경우에는 정도에 따라서 20,000-60,000페소, 그리고 맛이 아주 쓰고 향이 진한 커피(café reposado)의 경우에는 20,000페소가 감해진다. 이런 경우는 보통 커피를 오래 보관하거나, 습도가 12퍼센트 이상 되고 온도가 섭씨 25도 이상 되는 곳에 보관했을 때 종종 발생한다.

2022년 2월 9일의 콜롬비아 국내 커피 기준가격은 2,307,000페소를 기록했다. 40일 만에 187,000페소나 오른 것이다. 이는 콜롬비아 역사상 최고 가격이다. 불과 4년 전만 해도 100만 페소를 간신히 넘기는 정도였다. 그날 뉴욕 커피거래소의 1파운드당 생두 가격은 2.58달러를 기록했다. 2011년 9월 이래 최고가격이라고 한다. 커피 가격은 파운드 무게로 매겨지는데, 1파운드의 로스트 커피에는 약 1,900개의 커피콩이 들어간다. 약 1년 반 전에는 파운드당 가격이 1.11달러였으니 2배 이상 오른 셈이다. 환율도 상승해 1달러당 4,000페소 내외라 국내 커피 가격 인상에는 여러 요인이 서로 맞아 떨어진 것이다. 로베르토 벨레스 바예호 커피생산자협회장은 2020년부터 상승해 온 국제 커피 가격 추세가 2023년까지 지속될 가능성이 있다고 예상했다.

국내 커피 기준가격의 인상으로 콜롬비아 커피 경작자들에게 숨통이 트였다. 이제는 농자재 가격을 어느 정도 충당할 수 있고, 갚지 못한 빚도 어느 정도 청산할 수 있을 것으로 예상된다. 그런데 이 같은 커피 가격의 인상에는 기후변화로 인한 커피 생산 감소, 코로나로 인한 물류 대란이 영향을 미쳤다. 특히 기후변화에 따른 폭우로 브라질의 커피 생산이 많이 감소했다.

커피 경작자들이 커피 가격 상승의 덕을 본 것은 확실하지만 인플레이션으로 인해 비료나 농약 등 농자재 가격도 상승하고 있다. 라 니냐 현상에 따라 우기가 길어질 수 있기 때문에 커피 농가의 피해가 예상되고 생산량도 감축될 것으로 보인다. 그런데, 언제까지 커피 가격이 고공행진을 할지는 미지수다. 앞서 언급했다시피 벨레스 바예호 커피생산자협회장이 2023년까지 높은 가격을 유지할 것으로 예상했지만, 일부에서는 2023년부터 브라질에 추가로 확보된 40만 헥타르의 커피 경작지에서 커피 생산이 시작되기 때문에 브라질의 커피 생산량이 7천만 포대까지 확대될 것이고, 그에 따라 커피 가격이 하락할 것으로 내다보고 있다.

커피 가격이 계속 상승하자 엉뚱한 부작용도 발생했다. 선물거래 계약이 문제가 되었다. 커피 가격이 계속해서 올라가자 커피 생산자들이 생산한 커피를 약속한 시점에 커피조합에 인도하지 않은 것이다. 2022년 7월 중순에는 7,474개의 커피 농가가 선물거래 계약을 위반했는데, 그 규모가 1억 달러 이상이라고 한다. 이에 따라 선물거래로 커피를 구입한 수많은 커피 조합이 위기 상황에 처하고, 일부 조합은 파산할 지경에 이르렀다.

이와 같은 선물거래 계약 미이행은 즉각적으로 국가 커피기금의 운용에 어려움을 가중시킨다. 왜냐하면 커피조합의 커피 구매자금이 국가 커피기금에서 나오기 때문이다. 위에서 말했듯이 커피 가격의 변화가 심하고 여러 변수가 가격의 등락에 영향을 미치기 때문에 장기적인 안목을 가지고 커피 산업을 바라보고, 정교하게 사업을 계획하고 정책을 마련해야 한다.

6. 콜롬비아 커피의 원산지 보호 명칭

2005년에 콜롬비아 산업통상감독청(SIC)은 커피생산자협회의 요청으로 부령(Resolución 4819)을 제정해 콜롬비아 커피의 원산지 명칭(Denominación de Origen: DO)을 보호하기로 결정했다. 이에 따라 2011년부터 2017년까지 6개 지역에 원산지 명칭(Denominación de Origen Regional: DOR)을 부여했다. 산업통상감독청은 원산지 명칭 사용을 허가하는 권한을 커피생산자협회에 부여했다. 원산지 명칭을 사용하고자 하는 커피 경작자들은 원산지 명칭(DO) 사용 신청서를 작성해서 해당 웹사이트(propiedad.intelectual@cafecolombia.com)로 보내 필요한 절차를 거치면 된다. 지역별 원산지 명칭으로 보호되는 지방과 그 지방 커피의 특성은 다음과 같다.

:: 우일라 원산지

우일라 주는 콜롬비아에서 커피를 가장 많이 생산하는 곳이다. 이곳에서 생산되는 마일드 아라비카 워시드 커피(café arábico lavado suave)는 전반적인 균형감, 적절하거나 강한 신맛, 중간 또는 높은 정도의 바디, 강한 과일 또는 캐러멜 향을 지닌다. 이와 같은 특성은 구름 낀 날씨로 인한 하루 3.5시간 정도의 일조량, 일정한 기온, 1,000-2,200미터 고도의 재배지 등의 조건 때문에 얻어진 것이다. 산업통상감독청은 2013년에 '우일라 DO' 보호를 결정하고, 커피생산자협회에 원산지 명칭 사용 허가 권한을 부여했다.

:: 나리뇨 원산지

콜롬비아 남서부 중앙 및 서부 산맥과 태평양 연안에 이르는 나리뇨 주는 에콰도르와 인접하고 있다. 이 지역의 토양은 많은 영양분을 함유하고 있는데, 다른 커피 재배 지역에 비해 고도가 높고 기온이 낮다. 따라서 열매가 성숙하는 데 시간이 오래 걸리고, 그럼으로써 커피 열매에 당분이 많이 축적된다. 높은 산도에 바디는 중간이며, 부드럽고 깨끗한 맛, 강한 향을 지니고 있다. 2011년에 지역 원산지 보호 명칭을 부여받았다.

:: 산탄데르 원산지

산탄데르 지방은 산탄데르 주와 노르테 데 산탄데르 주가 속한 동부 산지의 끝자락에 위치해 있다. 콜롬비아에는 예수회 선교사들에 의해 1723년에 베네수엘라로부터 커피가 들어와 처음으로 재배되기 시작했는데, 그곳이 바로 베네수엘라와 인접한 산탄데르 지역이었다. 1870년대에는 콜롬비아 커피의 90퍼센트가 산탄데르에서 생산될 정도였다. 산탄데르 커피는 균형감, 중간 또는 높은 바디, 중간 정도의 신맛, 풀과 과일 향을 지닌 단맛, 어느 정도의 감귤 향을 지니고 있다. 이곳에서는 커피나무를 그늘에서 재배해 열매가 늦게 성숙한다. 2014년에 지역 원산지 보호 명칭을 부여받았다.

:: 시에라 네바다 원산지

안데스 산맥은 칠레 남쪽에서 태평양 연안을 따라 북쪽으로 올라오다가 콜롬비아에서 3개로 갈라져 약간 우회전한 다음에 대서양 방향으로 이어지다가 낮아지면서 사라진다. 3개 산지 중 동부 산지는 낮아져서 평지로 사라졌다가 대서양 연안 가까운 곳에서 다시 치솟아 산타 마르타의 시에라 네바다(Sierra Nevada de Santa Marta) 산지를 형성한다. 그 산지의 꼭대기에는 크리스토발 콜론 봉우리(Pico Cristóbal Colón)와 시몬 볼리바르 봉우리(Pico Simón Bolívar)가 있는데, 높이가 각각 5,775미터, 5,560미터에 이른다. 크리스토발 콜론은 콜럼버스의 스페인어식 표기이고, 시몬 볼리바르는 스페인으로부터 남미를 해방시키는 데 지도적인 역할을 함으로써 '해방자(Libertador)'라는 명칭을 얻은 영웅의 이름이다. 시에라 네바다에는 수많은 원주민 마을이 산재해 있다.

막달레나(Magdalena), 구아히라(Guajira), 세사르(Cesar) 주가 공유하고 있는 시에라 네바다 지역의 33개 시에서 커피가 생산된다. 이 지역의 커피는 균형감을 지닌 깨끗한 맛과 중간 또는 높은 바디, 중간 정도의 신맛, 초콜릿과 견과류 향이 담긴 단맛을 지닌다. 이 지역 토양은 영양분이 많지 않은 점토고, 기후는 풍부한 일조량과 높은 습도, 적은 강수량이 특징이다. 이 같은 환경적 특성 때문에 커피나무가 그늘에서 재배된다. 2017년에 커피 원산지 보호 명칭을 부여받았다.

:: 톨리마 원산지

톨리마는 콜롬비아 중부 지역의 중앙산맥 동쪽 사면과 중앙산맥과 동부산맥 사이의 평지 부분으로 구성된 주다. 2017년에 지역 원산지 보호 명칭을 부여받았다. 이 지역의 커피는 신맛, 중간 또는 높은 바디, 마일드하며 깨끗한 맛을 지니며, 균형감과 더불어 감귤류와 과일 향을 겸비한 단맛을 가지고 있다. 이 지역의 기후는 1년에 2회 커피 꽃을 피게 할 정도로 덥고 우기가 길다. 토양에는 모래가 섞여 있다.

:: 카우카 원산지

이 지역은 카우카 주와 바예 데 카우카 주로 구성되어 있다. 나리뇨 주의 북쪽, 우일라 주의 서쪽에 위치해 있는데, 이들 주의 면적은 중앙 산지의 서쪽 사면과 서부 산지, 그리고 태평양 연안까지 포함한다. 카우카 지역의 커피는 나리뇨 주의 커피와 마찬가지로 강한 신맛이 특징이다. 중간 정도의 바디감, 일반적인 균형감과 부드럽고 깨끗한 맛을 지닌다. 꽃향기를 겸비한 단맛과 캐러멜 향이 가미된 강한 맛도 가지고 있다. 기후는 강한 일조량과 연중 균일한 기온이 특징이며, 높은 산맥이 태평양에서 불어오는 강한 바람과 높은 습도를 막아준다. 2011년에 지역 원산지 보호 명칭을 부여받았다.

7. 엠바하도르 후안 발데스

1959년에 콜롬비아 커피 역사에서 획기적인 사건이 일어난다. 뉴욕의 광고 회사인 도일 댄 베른바흐(Doyle Dane Bernbach)가 콜롬비아 커피생산자협회의 요청으로 후안 발데스(Juan Valdez)라는 커피 상표를 만든 것이다. 미국 시장에서 '100퍼센트 콜롬비아 커피'를 다른 혼합 커피와 구별해 홍보하기 위해서였다. 상표가 만들어진 직후에 콜롬비아 커피생산자협회가 후안 발데스 모델을 TV 광고로 내보내는 등 적극적인 광고전을 펼친 결과 콜롬비아 커피에 대한 인기가 3배나 상승했다. 수많은 로스팅 업체가 블렌딩 커피에 콜롬비아 산 원두가 들어간 점을 부각시켰고, 콜롬비아 산 생두를 100퍼센트 사용한 브랜드를 만든 로스팅 업체도 대폭 늘었다.

후안 발데스 상표의 그림은 후안 발데스의 모델과 콘치타(Conchita)라는 이름의 노새, 그리고 콜롬비아의 안데스산맥으로 구성되었다. 후안 발데스는 에헤 카페테로의 전형적인 커피 농부의 모습이다. 콧수염을 기르고, 솜브레로(sombrero)라고 불리는 밀짚모자를 썼다. 소가죽으로 만든 작은 가방 카리엘(carriel)을 어깨에 메고, 안데스 지역에서 어깨에 걸치는 모포의 일종인 폰초(poncho)를 착용했으며, 샌들을 신었을 것이다. 허리에는 작업용 앞치마를 두르고, 농사를 지을 때나 수풀을 헤쳐나갈 때 필수적으로 사용되는 낫칼 '마체테(machete)'를 차고 있을 것이다.

'후안 발데스'가 실존 인물이 아니었기 때문에 모델이 필요했다. 최초의 모델은 콜롬비아 사람이 아니라 쿠바 출신의 배우 호세 두발(José Duval)

이었다. 아마도 뉴욕의 광고회사가 국적에 상관없이 잘생기고 스페인어를 구사하며 적절한 비용으로 쉽게 구할 수 있는 모델을 선정했을 것이다. 그는 10년 동안 모델 임무를 수행했다. 2대 모델로는 콜롬비아의 카를로스 산체스(Carlos Sánchez)가 선발되어 37년 동안 후안 발데스를 대표했다. 카를로스 산체스는 실제로 안티오키아 주에서 커피를 경작하는 농부였는데, 2018년에 83세로 사망했다. 3대 모델 카를로스 카스타녜다 세바요스(Carlos Castañeda Cevallos)는 안티오키아 주 출신으로, 2006년에 공모를 통해 380명의 후보 중에서 선발되었다.

콜롬비아 커피생산자협회와 커피조합은 실제로 커피 농사를 잘 알며 홍보 활동에도 적합한 모델을 원했다. 다양한 커피 품종에 관해 잘 아는 것은 물론 새벽 5시에 커피 농장에서 일한 경험이 있으며, 노새의 등에 커피 자루를 능숙하게 실을 줄 알아야 했다. 많은 기자 앞에서 냉정함을 유지할 수 있고, 의전도 알며, 모델이나 배우 자질도 갖춘 미남이어야 했다.

카를로스 카스타녜다 세바요스의 가족은 증조할아버지 때부터 커피 농사를 지어온 커피농이었다. 그는 어릴 적에 변호사가 되는 것이 꿈이었으나 가정 사정으로 초등학교 4학년 과정만 마치고 아버지의 농사일을 돕기

[그림 2] 후안 발데스 커피 로고.(출처: 위키피디아)

[사진 4] 후안 발데스 모델의 커피 외교 활동.(출처: flicker.com)

시작해 8년 동안 직접 커피를 경작했다. 친구가 준 복권이 당첨되어 받은 자동차를 팔아 커피 농장을 구입했다.

산 바르톨로(San Bartolo) 마을에서 9년 동안 마을의 지도자로 활동했는데, 시장에서 친구와 맥주를 마시다가 커피조합 직원의 권유로 캐스팅되었다. 그는 세계적인 저명인사다. 지금도 세계 각지를 방문하며 엠바하도르 후안 발데스(Embajador de Juan Valdez)로서 임무를 수행 중이다. 엠바하도르는 영어로 앰배서더(Ambassador)다. 그는 미국 조지 부시 대통령, 오바마 대통령, 스페인 왕세자도 만났다.

후안 발데스는 지난 수십 년 동안 콜롬비아 커피를 대변해 온지라 세계 커피 소비자들에게 깊이 각인되어 있다. 상표의 가치는 엄청나다. 콜롬비아 사람들은 후안 발데스 상표를 미국의 자유의 여신상이나 이집트의 피라미드와 동격으로 생각한다. 콜롬비아 커피생산자협회의 자회사인 프로카페콜은 국내뿐만 아니라 세계 도처에서 후안 발데스 커피를 유통하고 커피점도 운영한다.

중남미와 카리브 지역에서는 에콰도르(47), 칠레(23), 페루(14), 볼리비아(11), 파라과이(10), 엘살바도르(7), 아루바 및 쿠라사오(6), 파나마(3), 코스타리카(3) 그리고 아르헨티나(1)에 후안 발데스 커피점이 있고, 미국(7), 말레이시아(4) 및 스페인(3)에도 매장이 있다. 쿠웨이트, 카타르 및 터키에도 후안 발데스 매장이 생길 예정이다.

프로카페콜은 직접 매장도 운영하는 동시에 슈퍼마켓, 호텔, 도매점 등을 통해서도 커피를 공급한다. 미국에만 6천 개 이상, 칠레, 멕시코, 에콰도르, 네덜란드에 각각 400-600개의 판매망이 있다. 프로카페콜은 2019년에 8,200만 달러의 매출액을 올렸고, 2021년에는 2018년과 비교해 해외에서 65퍼센트의 성장을 기록했다. 최근에는 코로나 사태로 인해 특히 슈퍼마켓 판매와 인터넷 판매 분야에서 실적이 확대되고 있다고 한다.

포로카페콜의 대표는 콜롬비아 로스 안데스 대학교와 미국 하버드 비즈니스 스쿨 출신인 카밀라 에스코바르(Camila Escobar)다. 그녀는 야심적인 마케팅을 통해 후안 발데스를 스타벅스, 던킨, 맥카페, 팀 호톤스(Tim Hortons) 등과 같은 최고의 커피 체인점으로 성장시키려는 계획을 갖고 있다.

8장
콜롬비아 커피의 국제 거래

1. 요동치는 국제 커피 가격

국제 커피 가격은 시장의 힘, 자연의 현상, 인간의 탐욕이 복잡하게 뒤얽히면서 하락과 상승의 사이클을 이어오고 있다. 커피는 다른 곡물과는 달리 다년생 작물이라서 커피 농장을 만드는 데 많은 자본이 투자되고, 다른 작물로 교체하기도 어렵다. 따라서 공급 과잉을 조정하기도 쉽지 않고, 수요가 늘어나더라도 묘목을 심은 후 약 4년이 지나야 열매를 맺기 때문에 수요 증가에 즉각적으로 대응할 수도 없다. 게다가 병충해 확산, 전쟁 발발, 정치적 격변, 시장 조작 등에 따라 가격이 널뛰기를 한다.

19세기 내내 세계 커피 시장에서 공급이 수요를 따라가지 못해 가격이 고공행진을 했다. 커피 생산국들은 커피 수출을 통해 재정 기반을 강화하고 인프라를 구축했다. 미국이라는 거대 커피 시장의 등장으로 특히 미국과 가까운 코스타리카에 좋은 기회가 왔다. 당시 코스타리카에서는 커피가 '황금낟알'로 불렸다. 커피 수출로 자본이 축적되자 도로망이 구축되고 화려하고 높은 건물들이 들어섰다. 수도 산 호세는 '작은 파리'로 불릴 정도였다. 코스타리카 국가 재정의 90퍼센트 이상이 커피 생산과 연결되어 있었다. 브라질도 마찬가지였다. 커피에 대한 재정 의존도가 85퍼센트를 넘었다. 그러나 커피가 과잉 생산되자 과잉 공급의 덫에 걸렸다. 수년간 이어진 풍작으로 가격이 곤두박질했다. 어느새 풍작이 두려움의 대상이 되었다. 커피를 불태우거나 바다에 수장시켰다. 정부의 곳간도 바닥났다.

1929년의 대공황으로 경제가 침체되자 커피 수요도 줄어들었다. 국제 커피 가격이 포대당 8센트까지 곤두박질쳤다. 대공황 발발 이듬해에는 브라질의 재고가 2,600만 포대까지 쌓였다. 브라질 정부는 커피나무의 식재를 금지했다. 커피콩을 철도용 연료로 사용하는 것을 허가했으며, 커피에서 알코올, 기름, 가스, 카페인 등을 추출하려는 다양한 시도가 행해졌다.

1937년에 브라질은 1,720만 포대의 커피를 불태웠다. 당시 세계 커피 소비량이 2,640만 포대였으니 폐기 규모가 어느 정도인지 쉽게 짐작할 수 있다.

1950년에 한국전쟁이 발발하자 인스턴트 커피가 미군에 대량 보급되고 상용화되었다. 1960년대와 1970년대에는 TV 광고와 슈퍼마켓이 등장하면서 커피 소비가 증대했다. 세계 커피 수요가 공급을 넘어섰고, '커피 붐'의 시대가 왔다. 예기치 못한 곳에서 문제가 발생했다. 20세기 말 베트남이 주요 커피 생산국으로 등장한 것이다. 베트남은 커피 재배를 시작한 지 10년 만에 콜롬비아를 제치고 세계 2위의 생산국이 되었다. 세계 커피 시장이 다시 과잉 공급 문제에 직면했다. 이에 따라 중남미의 많은 커피 농가가 생산을 포기했다.

커피의 국제 가격은 뉴욕과 런던의 커피 거래소를 통해 매일 공시된다. 기본적으로 시장의 원칙에 따라 커피 수요곡선과 공급곡선이 만나는 지점에서 가격이 결정되지만 실제로는 유럽과 미국의 주요 대기업들과 가격 변동성을 조장하는 투기자본의 입김에 의해 크게 좌우된다. 커피 생산 대국인 브라질과 소비 대국인 미국의 커피 가격을 둘러싼 주도권 경쟁은 여전히 지속되고 있다.

소수의 커피 가공기업과 유통기업이 세계 커피 시장을 독점했다. 5개의 커피 생산 대국이 커피 생산과 수출의 50퍼센트 이상을 통제해 오고 있다. 특히 국제커피협정이 국제 커피 시장을 지배할 당시에 더욱 그러했다. 매점매석과 가격담합이 특이하지 않았다. 공급과 유통을 조절해 커피 가격을 쥐락펴락했다. 정도와 형태의 차이는 있으나 지금도 그 같은 관행이 국제 커피 시장에 잔존한다.

국제 커피 시장에 영향을 미치는 여러 가지 구조적 요인이 존재한다. 과학기술의 발달로 병충해에 대한 통제가 어느 정도 용이해짐으로써 커피 생산자들은 과거보다 커피 공급의 탄력성을 갖게 되었다. 베트남과 같은 새

[사진 1] 중국에 진출한 스타벅스 커피 매장.(출처: flickr.com)

로운 커피 생산자들이 출현했고, 앞으로도 그럴 것이다. 물론 커피 생산의 강국인 브라질이 계속해서 생산을 증대시킬 여력이 크다.

커피 생산국들 간의 합의에 따른 커피 공급 시장의 통제도 더욱 어렵게 되었다. 커피 생산국들은 미국 하와이 등을 제외하고는 대체적으로 소득이 낮은 국가들이라 취약한 경제구조를 지니고 있다. 커피 생산국의 환율도 늘 불안정하게 움직인다. 커피 시장을 불안정하게 만드는 또 하나의 요인은 커피 생산량 증가가 소비량 증가보다 크다는 점이다. 이 같은 요소들로 인해 커피 시장이 출렁거린다.

커피 시장은 곡물 시장과 유사하다. 브라질과 아르헨티나의 곡물 시장은 카길, 번지, 드레이푸스 같은 메이지 회사가 장악하고 있다. 그렇기 때문에 국제 곡물 가격과 국제 커피 가격의 결정에 생산자들의 입장이 도외시된다. 그래도 아르헨티나 농장주들은 500헥타르 이상의 대토지를 보유한 지주이기 때문에 곡물 가격에서 불이익을 받더라도 버틸 수가 있다. 그러나 콜롬비아 커피 경작자들은 4헥타르 미만의 소농이기 때문에 커피 가격이 하락하면 즉각적으로 생존의 위협에 직면하게 된다.

현재 세계 커피 시장은 중국에 기대를 건다. 2015년에 중국인의 1인당 커피 소비는 83그램에 불과했다. 한 사람당 1년에 5잔 정도다. 스타벅스는 전통차 소비에 익숙한 중국인의 입맛을 바꾸기 위해 매진하고 있다. 19세기에 유럽과 미국에서 발생한 산업혁명으로 커피 산업에 부흥이 일어났듯이 중국에서 커피 소비 증가는 세계 커피 산업에 청신호가 될 수 있을 것이다.

2. 국제 커피 시장의 자유화

1962년 11월, 31개 커피 생산국과 22개 커피 소비국이 유엔 본부에 모여 제1차 국제커피협정(International Coffee Agreement)을 체결했다. 이 협정은 당시 국제 커피 시장의 95퍼센트를 관할하게 되었다. 협정의 핵심은 적정 가격을 통해 커피의 수요와 공급의 균형을 도모함으로써 안정된 시장을 구축한다는 것이다. 안정된 커피 가격을 유지하기 위해 커피 생산국에게 수출 쿼터를 부여하고, 잉여 생산량에 대해서는 당사국에 일정한 혜택을 제공하는 것이다. 커피 생산자의 노동 및 생활 조건을 개선하고 커피 소비를 확대하기 위해 노력한다는 내용도 있다. 이 협정을 기반으로 런던에 본부를 둔 국제 커피기구(International Coffee Organization)가 탄생했다. 국제 커피기구는 40여 개 커피 생산국에 대한 수출 쿼터를 어떻게 정할지를 논의하고, 커피의 상한가와 하한가를 결정하는 임무를 부여받았다. 커피 생산국들 간의, 그리고 커피 생산국과 소비국 간의 이해를 조정하는 중재자의 역할을 담당하게 된 것이다. 국제 커피기구의 중재로 30년 동안 4개의 국제커피협정이 체결되었다. 1962년 협정을 비롯해 1968년, 1976년, 1983년 협정이 있다.

그런데 1989년에 국제커피협정이 와해되었다. 새로운 커피협정이 도출되지 못하자 1983년의 커피협정이 폐지된 것이다. 커피 생산국들이 자유 경쟁 체제에 진입하게 되면서 커피 시장이 과거와는 전혀 다른 새로운 환경에 처하게 되었다. 그 해에 베를린 장벽이 무너졌다. 세계 정치사에도 엄청난 변혁이 일어났다. 자본주의가 공산주의에 승리하자 자유 시장 경제 체제가 세계를 압도했다. 경제적 개인주의가 모든 원칙보다 우선시되었다. 시카고학파가 세계 도처에서 득세했다. 중남미에서도 워싱턴 컨센서스 가이드라인이 경제 정책에 적용되면서 보호주의가 발 디딜 곳을 잃었다. 이러한 분위기가 커피 시장의 자유화 분위기 형성에도 영향을 미쳤을 것으로 짐작된다.

커피 시장이 자유화되자 2,500만 포대의 커피가 시장에 쏟아져 나왔다. 1989년도 세계 수출량의 33퍼센트나 되는 엄청난 규모였다. 그러자 1989년의 협정이 폐기되고 4년 동안 커피 가격이 40퍼센트나 폭락했다. 그 여파로 콜롬비아에서도 커피 생산이 줄어들고, 커피 산업 및 커피 수출 침체로 국가 커피기금이 적자에 직면했다. 커피 생산국들이 위기에 봉착하자 커피 소비국에서 활동하던 대형 로스팅 기업과 유통 기업의 파워가 커졌다.

커피 산업이 자유 경쟁 체제로 진입하면서 커피 생산국들은 각자도생의 국면으로 접어들었다. 콜롬비아 정부와 커피생산자협회도 새로운 환경에 적응하기 위해 다양한 방안을 강구하게 되었다. 스페셜티 커피의 생산을 장려했다. 구체적으로 원산지 커피(café de origen), 기술화를 적용한 커피(café tecnificado) 및 지속가능한 커피(café sostenible)의 생산을 장려했다. 커피생산자협회는 프로카페콜(Procafecol)을 설립하고, 고급 콜롬비아 커피 상품을 취급하는 후안 발데스 커피숍을 운영했다. 원산지 표기 제도를 도입하고 커피 문화경관을 선포했다. 차별화 정책을 도입한 것이다.

커피 산업의 경쟁력을 강화하기 위해서 기존의 커피 관련 조직을 개편하고, 커피 산업의 다양성을 인정했다. 커피 비즈니스의 수익성을 높이기 위해 노력했고 국가 커피기금의 운용을 개선하는 노력도 기울였다. 시장의 실패가 있는 경우에 커피 생산자에 유리한 가격 정책을 실시했다. 국가 커피기금과 정부의 역할을 분리하고, 규제와 수출 간의 갈등을 해소하며 생산성 향상을 위해 모범적인 농업 관행을 전파했다.

3. 콜롬비아 7대 커피 수출 기업

콜롬비아는 브라질이나 중미 국가들에 비해 커피 재배와 커피 산업을 늦게 시작한 나라다. 초기에는 커피 수출도 대형 농장들을 중심으로 이루어졌다. 20세기에 들어서면서 수출량이 확대되자 커피 수출 기업들은 런던과 뉴욕에 사무소를 열었다. 뉴욕에 사무소를 둔 어느 대기업의 수출량이 콜롬비아의 커피 총 수출량의 25퍼센트를 차지하기도 했다. 그러다가 커피 가격이 하락하고 은행 대출이 막히면서 국내 수출 기업들이 도산했고, 자금 조달 능력을 갖춘 대규모 수출 기업들이 출현했다. 1927년에 콜롬비아 커피 생산자협회가 설립되고, 1940년에 국가 커피기금이 설립되면서 커피 유통을 주도하자 대형 국제 수출 기업들도 쇠퇴했다.

콜롬비아 커피생산자협회 홈페이지에는 커피 수출 기업의 명단이 제공되어 있다. 월별로 어느 기업이 어느 만큼의 커피를 어느 나라에 수출했는지 잘 보여준다. 수출 물량이 많은 기업들의 이름이 반복된다. 물량이 많지는 않지만 매월 5-10개 기업이 꾸준히 한국에 커피를 수출한다.

수출 규모가 가장 큰 기업은 바로 콜롬비아 커피생산자협회다. 커피생산자협회는 100년 가까운 운영 기간 동안 콜롬비아 커피 산업을 발전시켜 오면서 커피 산업을 좌지우지했다. 물류 분야 산하 기업인 알마카페(Almacafé)

가 수출 절차와 업무를 수행한다. 커피생산자협회에서 뉴욕 커피 시장의 가격과 환율 등을 감안해 매일 커피 기준가격을 설정하면, 커피조합이 그 가격을 기준으로 커피 경작자들에게서 커피를 구입한다. 이후 조합들은 5-6퍼센트 정도의 이윤을 붙여 알마카페에 판매하고, 알마카페는 페르가미노 커피를 생두로 가공하고 포장해 수출한다. 콜롬비아 커피생산자협회는 현재 36만 커피 농가를 회원으로 두고 있다.

두 번째로 '카페테라 라 메세타(Cafetera La Meseta S.A.)'가 있다. 1983년에 창설된 국내 기업으로, 칼다스 주의 친치나 시에 소재한다. 795헥타르의 커피 경작지를 보유하고 있으며 매년 70킬로그램들이 9만 포대를 생산한다. 자체 생산 물량뿐만 아니라 안티오키아, 칼다스, 톨리마, 나리뇨 및 우일라 주에서 생산한 커피도 받아서 46개국에 수출한다. 수출 물량의 50퍼센트 정도가 미국으로 나가고, 독일, 일본, 벨기에, 한국, 캐나다 등이 수출 대상국이다.

세 번째 기업은 패밀리 기업인 '라카페(Racafé & Cia S.C.A.)'다. 1953년에 설립되어, 현재는 기예르모 에스피노사(Guillermo Espinosa) 대표가 운영하고 있다. 230개 이상의 지역에서 760개 이상의 커피 농가로부터 커피를 구매한다. 이 기업은 기름야자(Elaeis guineensis)의 열매를 가공하고 연초도 생산한다. 참고로 콜롬비아는 중남미 최대의 기름야자 생산국이다.

네 번째 수출기업은 영국기업 ED&F Man Holdings Ltd.의 자회사인 '카르카페(Carcafé Ltda.)'로, 1983년에 설립되었다. 모기업의 이름은 창설자 제임스 맨(James Man)의 손자인 에드워드(Edward)와 프레데릭(Frederic)의 이름에서 비롯되었다. ED&F Man은 세계 3대 커피 유통기업이다. 이 기업은 현재 50여 개국에 진출해 세계 커피 수출 시장의 12퍼센트를 점유하고 있다. 커피뿐만 아니라 다른 농산물도 거래하는 세계 유수의 농산물 거래업체다. 세계적인 권위의 문학상인 '맨 부커 상(Man Booker Prize)'을 운영하는 기업으로도 널리 알려져 있다.

다섯 번째 기업은 '엑스포카페(Expocafé S.A.)'다. 콜롬비아 커피조합의 자회사로, 1985년에 커피 경작자, 커피조합, 커피생산자협회의 합의에 의해 탄생되었다. 엑스포카페의 주인은 커피조합과 커피생산자협회다. 엑스포카페는 커피 경작자들이 생산한 커피를 커피생산자협회를 거치지 않고 직접 수출할 수 있는 수단으로 만들어졌다. 하지만 커피조합의 회원은 엑스포카페에 의지하지 않은 채 자신의 커피를 수입업자에게 직접 판매할 수 있다. 커피조합은 현재 500개 이상의 커피 구입소(punto de compra)와 11개의 트리야도라(커피 탈각소)을 운영하고 있어 커피 유통 분야에서 유리한 위치를 점유하고 있다.

여섯 번째는 '올람 아그로 콜롬비아(Olam Agro Colombia S.A.S)'로, 올람 인터내셔널 사의 자회사다. 1989년에 설립된 올람 인터내셔널은 코코아, 커피, 면화, 견과류, 양념 등 농산물 가공 및 유통 기업으로, 싱가포르 주식시장에 상장되었다. 지분은 싱가포르 정부의 투자기업인 타마섹(Tamasek)이 53.4퍼센트, 일본의 미쓰비시가 20퍼센트를 보유하고 있다. 현재 45개의 제품을 60여개 국에 유통시키고 있는 올람 인터내셔널은 콜롬비아뿐만 아니라 라오스, 탄자니아, 잠비아, 에티오피아 및 브라질에 커피 농장과 공급기지를 보유하고 있는 생두 교역의 강자다. 싱가포르, 제네바, 밀란, 뉴욕, 캘리포니아, 함부르크, 슬로베니아의 류블랴나 및 서울에 사무소를 두고 있다. 콜롬비아에서는 커피 이외에 카카오도 구입한다.

일곱 번째는 프랑스의 다국적기업 '루이 드레퓌스(Louis Dreyfus)'다. 1851년에 알사스 지방의 18세 소년 레오폴드 드레퓌스가 창설했다. 그는 알사스에서 밀을 구입해 스위스에다 팔았다. 유대인 집안이라 제2차 세계대전을 겪으면서 많은 피해를 입었지만 아직도 드레퓌스 패밀리가 회사를 이끌고 있다. 30여 년 전부터 커피 분야에서 비즈니스를 하고 있는데, 콜롬비아에는 2007년에 진출했다. 현재 콜롬비아에서 연간 70킬로그램들이 45만 포대의 커피를 수출한다.

　지금까지 살펴본 7개의 수출기업 중 3개가 다국적기업이다. 그 이외에 일본 기업을 포함한 여러 외국 기업이 콜롬비아 커피 산업에 진출해 있다. 한국도 콜롬비아 산 커피 수입국인데, 국내에서 커피 소비가 날로 증가하는 만큼, 국내 기업이 양질의 커피를 발굴해서 수입을 주도할 수 있게 되길 바란다.

4. 커피를 거래하는 일본의 종합상사들

2019년도에 세계 커피 생산량은 1천만 톤을 약간 상회했는데, 브라질이 세계 생산량의 30퍼센트, 베트남이 16.8퍼센트, 콜롬비아가 8.8퍼센트, 인도네시아가 7.6퍼센트를 차지하고, 에티오피아, 온두라스, 페루 등이 그 뒤를 이었다. 같은 해 세계의 총 커피 수입량 중에서는 미국이 47퍼센트, 독일이 9퍼센트, 일본이 7퍼센트, 벨기에가 5퍼센트, 캐나다가 4퍼센트, 한국이 4퍼센트를 차지하고, 이탈리아, 스페인, 영국, 호주, 스칸디나비아 국가들이 뒤따랐다. 한국은 39만 톤을 수입하고, 일본은 한국보다 두 배 많은 79만 톤을 수입했다. 일본의 인구가 한국보다 두 배가 조금 더 되므로 양국 국민의 개인당 커피 소비량이 얼추 같다고 보면 된다.

　일본의 커피 유통시장 진출의 역사는 한국보다 길다. 우리나라보다 먼저 개항을 하고, 외국 문물을 적극적으로 받아들였기 때문에 커피 문화도 일찍 유입되었다. 일본에서 커피 수입이 본격화된 것은 1854년 개국 이후다. 초기에는 일본에 체류하는 외국인을 위한 것이었으나 메이지 유신 시대로 접어들자 시내에 일본인을 위한 커피를 파는 찻집과 수입 식품점이 생겨났

[사진 2] 오크통에 포장된 자메이카의 블루마운틴 커피.(출처: flickr.com)

다. 처음에 수입된 커피는 주로 브라질 산이었으나 1930년대가 되자 콜롬
비아와 코스타리카 산 커피가 수입되고, 그 이후에 자메이카에서 블루마운
틴 커피가 들어왔다.

일본의 블루마운틴 커피의 독점은 누구나 아는 사실이다. 1929년의 세
계 경제 불황으로 자메이카의 커피 산업이 위기에 직면하자 일본이 자메이
카 커피 산업의 구세주로 등장했다. 19세기 하반기에 추진한 하와이 이민
정책으로 일본 이민자들이 하와이에서 커피 재배법을 축적했고, 세계 최고
의 커피로 알려진 '하와이 코나 커피'의 70-80퍼센트를 일본인이 생산하는
상황이었다.

일본은 자금난에 처한 자메이카 정부에 차관을 주고 그 대가로 블루마
운틴 커피를 전량 인수하기로 했다. 일본은 하와이에서 습득한 커피 재배
법을 자메이카에 전수했다. 아울러 자메이카 커피산업협회로 하여금 품질
보증서 제도를 도입하게 해 고급 품질의 커피를 만들어냈다. 마케팅에도

관여했다. 블루마운틴 커피는 다른 커피와 달리 오크통에도 포장해 판매됨으로써 커피의 황제라는 영광스러운 이름을 얻었다.

미쓰이(Mitsui) 상사의 자료에 따르면, 2020년에 일본은 콜롬비아로부터 약 51만 톤의 생두를 수입했다. 수입량 중 미쓰이 상사가 42.3퍼센트, 마루베니(Marubeni) 상사가 15.7퍼센트, MC Agri Alliance Ltd.가 13.9퍼센트, 이토추(Itochu) 상사가 11퍼센트, 그리고 네슬레 일본이 6.1퍼센트를 차지했다. 네슬레를 제외하고 모두 일본 기업이다. 미쓰이의 보고타 지사는 콜롬비아에서 생두뿐만 아니라 커피 엑기스, 커피 오일, 동결 건조 인스턴트 커피, 디카페인 생두, 커피에서 추출된 카페인 등도 수입해간다.

재미있는 통계가 있다. 미국 시장에 콜롬비아 생두를 수출하는 기업들의 수출 비중 통계다. 콜롬비아는 2020년에 미국에 246만 톤의 생두를 수출했다. 스타벅스가 21.5퍼센트로 단연 1위고, 미쓰이가 미국에 설립한 자회사 MCT(Mitsui Coffee Trading US)가 7.6퍼센트로 4위를 차지했다. 7.6퍼센트를 환산하면 18만 7천 톤으로, 이는 일본이 가져간 콜롬비아 커피의 3.6배가 넘는다. 일본 종합상사의 힘이다.

1800년대 후반 에도 시대 말기에 부국강병을 목적으로 설립되기 시작한 일본의 종합상사들은 해외 시장을 개척해 해외 자원을 국내에 조달하는 역할을 맡았다. 그 같은 전통이 살아 있어 지금도 여전히 철광석이나 원유, 곡물 등 자원 개발과 원자재 유통에 강하다.

콜롬비아에서는 연중 커피가 생산된다. 농장의 고도에 따라 생산 시기가 달라지기 때문이다. 중부 지역에서 수확은 4-6월과 9-12월, 두 차례 이루어진다. 생산량이 많은 중심 수확 시기를 스페인어로 '코세차 프린시팔(cosecha principal)', 수확량이 적은 부차적인 수확 시기를 '코세차 미타카(cosecha mitaca)'라고 한다.

첫 반기에 중심 수확기, 두 번째 반기에 부차적인 수확기를 맞는 지역은 나리뇨 주다. 반대로 두 번째 반기에 중심 수확기, 첫 번째 반기에 부차적인 수확기를 맞는 지역은 안티오키아 쥬다. 양 수확기에 생산량이 동일한 지역은 리사랄다, 톨리마, 바예 데 카우카, 킨디오, 칼다스, 쿤디나마르카, 우일라, 카우카 및 보야카 주다. 1년에 1회 수확이 이루어지는 지역은 세사르, 막달레나, 구아히라, 노르테 데 산탄데르, 산탄데르 그리고 안티오키아 주의 일부 지역이다.

미쓰이 상사의 자료에는 지역별 수확 시기가 보다 구체적으로 수록되어 있다. 산탄데르 주는 4-7월과 9-12월, 보야카 주는 10월-이듬해 3월, 우일라 주는 3-7월과 9월-이듬해 1월, 나리뇨 주는 4-7월과 10-11월, 톨리마 주는 4-6월과 10-12월, 안티오키아 주는 4-6월과 9-12월, 마지막으로 킨디오 주에서는 3-6월과 10월-이듬해 1월에 커피가 생산된다.

이 자료를 보면 일본의 기록 문화가 생각난다. 어쩌면 일본의 종합상사들은 콜롬비아의 커피 생산 지역을 모두 섭렵하고, 상세한 기록을 남겼을지도 모른다.

마루베니 상사의 자료에 의하면 일본은 2019년에 43만 7천 톤의 커피를 수입했다. 그 가운데 콜롬비아에서 수입한 것은 6만 2천 톤이다. 위에서 언급한 미쓰이 상사의 2020년도 콜롬비아 커피 수입량 통계와 상당한 차이가 있다. 연도도 다르고 통계 산출 방법에도 차이가 있을 수 있고, 커피 가공품의 포함 여부에 따라 통계가 달라질 수도 있을 것이다.

일본은 브라질에서 15만 5천 톤, 베트남에서 8만 7천 톤, 인도네시아에서 3만 4천 톤, 과테말라에서 2만 9천 톤, 그리고 기타 지역에서 8만 9천 톤을 수입했다. 또한 마루베니의 통계로는 2019년에 마루베니가 일본의 총 커피 수입량의 30퍼센트를 담당한 것으로 되어 있다. 미쓰이 통계에 의하면 2020년에 마루베니의 수입 비중이 15.7퍼센트였다. 어떤 통계를 사용하든 한국과 일본의 커피 시장에서 콜롬비아 커피의 점유율은 각각 3위다.

미쓰비시(Mitsubishi) 상사도 콜롬비아 커피와 인연을 맺고 있다. 2014년에 콜롬비아 누트레사 그룹과 합작투자 협정을 체결했고, 그에 따라 아시아 커피 시장 개척을 위해 말레이시아 쿠알라룸푸르에 '오리엔탈 커피 얼라이언스(Oriental Coffee Alliance)'를 설립했다. 양측은 각각 50퍼센트의 지분을 보유하고 있다.

5. 커피 직거래

콜롬비아 커피 경작자들 대다수는 수입업자들과 직접 거래하기를 원한다. 직거래가 커피조합이나 커피생산자협회를 통한 거래보다 많은 수익을 가져온다는 사실을 잘 알기 때문이다. 하지만 경작자들은 대개 교육 수준이 낮고 컴퓨터와 인터넷을 잘 다루지 못하며, 언어 문제도 있어 수입업자들과의 소통이 어려운 실정이다. 또 외국인과의 직거래 경험도 없을 뿐만 아니라 통관 절차도 잘 모른다. 사정이 이러하니 양질의 스페셜티 커피를 생산할지라도 콜롬비아 커피생산자협회가 정한 국내 가격에 판매할 수밖에 없다.

대학 교육을 받고, 외국어 구사가 어느 정도 가능하며, 컴퓨터에 능한 경작자일지라도 외국인과의 소통은 쉽지 않다. 서로 간의 이해가 첨예하게 작용하기 때문에 소통이 더 어렵고 예기치 않은 오해도 유발된다. 거래에 악의가 개입되면 사기 사건이 발생하기도 한다. 흔히 커피 생산자들은 커피를 수입업자에 보내기 전에 선불금을 받으려고 한다. 반면에 수입업자들은 당초에 받은 커피 샘플과는 달리 품질이 낮은 상품을 받을 가능성을 고려하기 때문에 커피를 먼저 받고 대금을 나중에 지불하려고 한다. 얼굴을 맞대고 상담을 하더라도 오해가 생기는데, 생면부지의 사람들끼리 거래를 하니 신뢰 문제가 생기는 것은 어쩌면 당연하다. 직거래를 성사시키는 일은 정말 어렵다.

어느 한국인 수입업자의 얘기다. 카타도르 자격을 보유하고 있는 그는 커피 산지를 돌아다니며 직접 커핑을 한다. 커피 산지에서 돌아오면 방문했던 커피 생산자나 수출업체로부터 수십 통의 메일이 날아들기 시작한다고 한다. 그는 산지에서 고른 커피 샘플이 도착하면 신속하게 커핑을 마치고 구매 결정을 내린다. 머뭇거리다가는 좋은 커피를 다른 업체에 빼앗기기 때문이다.

커피 수확철에는 1천 건이 넘는 커핑을 하며 주문한 커피가 들어오기까지 무역 및 통관 업무를 살핀다. 주문한 커피들 가운데 몇 개라도 품질이 떨어지면 손해가 크다. 커피 산지에서 생두 가공부터 수출 과정까지 꼼꼼히 확인하지 않으면 리스크가 증대된다. 빈틈 없이 일을 처리하려고 애를 쓰지만 거의 매년 예상하지 못한 사고가 터진다. 커피 구매자에게는 처음부터 끝까지 사고가 터지지 않도록 확인하고 관리하는 일이 가장 중요하다.

커피 가격의 변화로 인한 문제도 있다. 2022년 2월, 뉴욕 커피 시장의 커피 가격은 파운드당 2달러가 훨씬 넘었다. 2021년부터 커피 가격이 꾸준히 상승하자 커피 생산자들이 커피의 인도를 지연하거나 거부하는 사례가 생긴다. 커피를 좀 더 보관하고 있다가 좋은 값에 팔겠다는 것이다. 특히 구매자와 판매자가 미래의 특정 시점에 특정 가격으로 매매하기로 합의하는 선물거래의 경우가 그렇다. 합의한 시점이 도래하면 커피 경작자는 사전에 합의한 가격에 커피를 양도해야 하나 그동안 가격이 오르는 바람에 손해를 본다는 느낌이 들어 구매자와 불화가 생기게 되는 것이다. 특히 선물계약을 한 다수의 커피조합이 골머리를 썩고 있다.

과거에는 커피 직거래로 인한 문제가 많지 않았을 것으로 보인다. 거래의 대부분이 대형 다국적기업들에 의해 이루어지고, 거래의 규모가 커서 유통 전문가들이 거래를 관장했기 때문이다. 스페셜티 커피에 대한 수요가 늘어남에 따라 소규모로 거래하는 커피 수입업자들이 많이 생겼는데, 그들은 비용 절감을 위해 산지에서 직접 커피를 구입한다. 그들에게는 해당 커피 농장과 생두 제품에 관한 정확한 정보, 마케팅에 필요한 스토리텔링, 원하는 생두의 안정적인 공급이 사업 성공의 관건이다. 직거래는 이제 선택 과목이 아니라 필수과목이 되었다.

보통의 경우 로스터들은 유통회사를 통해 생두를 구입한다. 유통회사는 많은 분량의 다양한 생두를 들여와 저장해놓기 때문에 생두를 구입하는 개인이나 기업은 언제든지 이를 소량으로 공급받을 수 있다. 다만, 희망하는 생두를 유통회사가 보유하지 않을 수도 있어 선택 범위가 좁다. 거래하던 유통회사가 영업을 중단할 경우에는 구입해 오던 생두 품종을 원치 않게 바꾸어야 한다. 또한 구입하는 생두에 대한 상세한 정보를 얻기도 어렵다. 그래서 수입업자나 로스터는 생두를 현지에서 직접 구입하려는 욕구가 강하다.

커피 산지를 직접 방문하는 데는 비용도 많이 들고 위험부담도 있다. 직접 커피를 맛보고 구입량을 결정해야 하고, 통관 등 무역 거래 절차를 소상히 알아야 한다. 현지에서 커핑을 할 때는 우수한 향미를 보유한 커피의 품질이 운송 과정에서 변할 수도 있다. 생두는 시간이 흐르면서 물리적·화학적으로 변화하기 때문이다. 주문한 물량을 받기까지 다양한 문제가 발생할 수 있기 때문에 판매자와 구매자 간의 신뢰가 중요하다. 커피 경작자는 구매자의 능력이나 인품을 평가하고, 과거 거래 경험 등을 세심히 살피면서 거래 여부를 결정한다.

직거래에 이 같은 문제들이 있기 때문에 생두 구입을 전문으로 하는 직종이 생겼다. 그린 빈 바이어(green bean buyer)다. 과거에는 구매자가 뛰어난 커핑 능력을 바탕으로 좋은 품질의 생두를 골라 사 오는 것이 주요 임무였다면, 이제 그런 빈 바이어는 커핑 능력 이외에도 해당 지역의 커피 경작 및 수확 상황이나 관련 제도를 숙지하고, 경작자들과 수시로 소통함으로써 장기적이고 긴밀한 신뢰 관계를 구축하는 것이 중요해졌다.

기본적으로 커피에 관련된 언어를 잘 알아야 깊이 있는 소통이 가능하다. 전문지식이 부족하더라도 현지 경험이 풍부하고 현지 언어를 구사해야 한다. 친구 관계를 만드는 것도 중요하다. 장기적인 신뢰 관계를 구축하려면 상대방의 문화를 알고 이해해야 하며, 조금 손해를 보더라도 가끔은 그냥 넘어가는 지혜도 필요하다.

판매자나 구매자 모두에게 직거래는 어렵지만 직거래가 양측 모두에게 이익을 가져다주기 때문에 커피 산업의 새로운 추세가 되었음을 부정할 수 없다. 발달된 소통 기기와 기술이 보급되고 상응하는 교육이 이루어진다면 직거래 관행이 정착되리라 믿는다. 수입업자가 현지 커피 전문가와 계약을 하거나 현지에 사무소를 차리면 신뢰감의 문제가 해소될 것이다. 한국인의 경우라면, 스페인어를 잘하는 콜롬비아의 한인동포와 협력하는 방법도 있다. 커피에 관한 전문성은 약할지라도 현지인과의 협력관계를 구축하는 데 용이하기 때문이다.

6. 콜롬비아 - 한국의 커피 교역

콜롬비아 사람들에게 자국의 커피는 사랑의 대상이고, 삶의 방식이며 역사이고 전통이다. 그들의 문화고 희망이며 열정이다. 그들만의 정체성을 드러내는 아이콘이다. 따라서 콜롬비아 사람들과 만날 때 콜롬비아 아라비카 종(種) 커피에 대한 찬사로 시작하면 대화가 쉽게 풀릴 수 있다. 커피 산지 한두 개의 스페셜티 커피 품종과 맛까지 거론하면 경이롭다는 표정으로 바라보기도 한다.

한국은 세계 6위의 커피 소비국이다. 2020년에 총 17만 6천 톤, 2021년에는 18만 9천 톤의 커피를 수입했다. 전년도에 비해 7.3퍼센트가 증가했다. 2020년도 커피 총 수입액은 7억 달러 정도였으나 2021년에는 9억 1,648만 달러를 기록해 전년도에 비해 24.2퍼센트나 늘었다. 한화로 1조 원이 넘는 액수다. 커피 수입액이 20년 전보다 13배가량 늘어난 것이다.

커피 수입액 기준으로 콜롬비아는 한국 시장에서 간발의 차이로 2등을 했다. 2021년에 스위스에서 수입한 것이 1억 3천만 달러, 콜롬비아 산 수입액이 1억 2,800만 달러를 기록했다. 이어 브라질, 미국, 에티오피아, 베트남이 뒤를 이었다. 스위스와 미국으로부터의 커피 수입이 주목할 만하다. 커피 가공품을 수입했을 것이다. 커피 물량으로는 콜롬비아로부터 3만 톤을 수입했는데, 콜롬비아는 브라질, 베트남에 이어 3위를 차지했다. 콜롬비아 커피의 한국 시장 점유율은 커피 수입액 기준으로 약 14퍼센트, 수입 물량 기준으로 15.8퍼센트다.

콜롬비아 산 커피의 한국 수입은 연간 20-30퍼센트가 증가하는 추세다. 우리나라 관세청과 콜롬비아 커피생산자협회 통계에 차이가 있고, 통계에 따라 생두만 계산한 것이 있고, 커피 제조품을 포함한 것도 있다. 그러나 큰 추세는 우리나라의 커피 시장이 확대되고 있고 그에 따라 수입 규모도 늘어나고 있다는 것이다. 특히 웰빙에 대한 인식이 높아지면서 콜롬비아 산 마일드 커피에 대한 한국 소비자의 선호도 또한 높아지고 있다.

한국에는 커피점이 많다. 국세청 통계에 의하면 2021년 말 기준으로 한국의 커피 음료점은 83,363개나 된다. 2017년에 비해 88퍼센트나 증가했다. 현재 한국에서 커피점 숫자는 편의점이나 패스트 푸드점, 노래방의 숫자보다 많다. 가장 많은 커피점을 보유한 업체는 '이디야 커피'로 가맹점이 2021년 기준으로 3,500개나 된다.

2018년 현대경제연구원 조사에 의하면, 한국 국민은 성인 1인당 1년에 353잔의 커피를 마신다. 세계 평균 153잔의 2.7배다. 한국인은 커피의 고소한 맛, 진한 맛 그리고 바디를 선호하는 것으로 알려졌다.

우리나라가 콜롬비아로부터 들여오는 커피는 대부분 카페인을 제거하지 않은 생두다. 그러나 카페인을 제거한 생두, 볶은 원두, 인스턴트 커피, 인스턴트 커피 조제에 필요한 재료도 수입한다. 콜롬비아의 기업 '카페 소카(Café Soca)'는 2021년에 처음으로 한국에 컨테이너 2개 분량의 볶은 커피를 수출했다. 콜롬비아 커피 수출의 85퍼센트는 생두 형태로 이루어진다. 남양유업, 동서식품, 네슬레 코리아 등이 콜롬비아 생두와 부가 제품을 수입하는 것으로 알려졌다.

한국 시장에서는 인스턴트 커피의 비중이 높은 편인데, 콜롬비아 커피생산자협회는 자국의 인스턴트 커피를 한국 시장에 진출시키려고 노력한다. 현재는 동서식품이 콜롬비아에서 생두를 가져와서 인스턴트 커피를 생산한다. 콜롬비아 커피생산자협회 자회사인 부엔카페도 한국 진출을 희망한다. 콜롬비아의 인건비가 저렴하기 때문에 한국 기업이 콜롬비아에 투자해 인스턴트 커피를 생산하고 이를 한국에 수출하는 것도 고려할 필요가 있다.

9장
콜롬비아 커피 산업에 부는 새바람

1. 변화의 바람

나리뇨 주 부에사코 시의 젊은 커피 경작자들은 협력 단체를 구성해 모범적인 커피 경작 기술로 양질의 커피를 생산해 단체로 판매한다. 필요한 비료나 농자재도 단체로 구입해 가격을 낮춘다. 이 같은 일이 콜롬비아 커피 생산지 곳곳에서 일어나고 있다. 커피생산자협회와 커피조합이 90여 년에 걸쳐 만들어온 시스템에만 의지하지 않고 자신들만의 독자적인 시스템 구축을 모색하고 시도하기 시작한 것이다.

'부에사코 미래 커피경작협회(Asociación Cultivando Futuro de Buesaco)'는 2019년에 24개의 커피 농가가 모여 결성되었는데, 농장 규모가 4헥타르 미만으로 84점 이상의 품질 평가를 받은 스페셜티 커피 생산 농가만을 회원으로 받는다. 이들은 농자재를 공동으로 구입함으로써 생산비용을 줄이고, 커피 경작에 최신 경작 기술을 사용하며, 자신들이 생산한 양질의 커피를 공동으로 판매한다. 현재는 외국으로 수출하는 물량을 늘이기 위해 노력을 경주하고 있다. 카톨릭 복지 단체가 그들의 협력 단체 결성과 커피 생산 기술 습득을 지원하고 있다.

커피 농가 자녀 9명이 결성한 '카부아 카페 에스페시알(CABÚA Café Especial)'도 '부에사코 미래 커피경작협회'에 회원으로 가입되어 있다. 이들 9명의 젊은이는 커피 평가 및 바리스타 양성 과정에서 만났는데, 이들은 파스토 시에서 매년 개최되고 2009년에 유네스코의 인류무형문화유산으로 등재된 축제 "흑인과 백인의 카니발(Carnaval de Negros y Blancos)"에 참가하는 외국 관광객에게 자신들이 생산한 커피를 소개하고 판매하기 위해 의기투합했다고 한다. 그들은 자신들의 커피에 '카부아(CABÚA)' 상표를 붙여 판매한다.

콜롬비아에서 영세 커피 경작자들의 소득 증대를 위한 자구노력은 이미

[사진 1] 파스토 시의 '네그로스 이 블랑코스' 축제.(출처: 위키피디아)

대세다. 이와 같은 현상에 몇 가지 이유가 있다.

첫째, 1헥타르 미만의 영세 커피 경작자가 커피생산자협회가 매일 정하는 국내 기준가격으로 커피를 판매해서는 가족을 제대로 부양할 수 없다.

둘째, 콜롬비아 커피생산자협회와 커피조합에 대한 신뢰의 문제다. 영세 커피 경작자들이 이들 단체가 수십 년 동안 구축해 온 커피 생산 및 유통 시스템과 커피 기준가격에 의문을 갖게 된 것이다. 이들 커피 경작자는 자신들이 생산한 커피를 커피조합이나 커피생산자협회에 의존하지 않고 소비자나 수입업자에게 직접 판매할 경우 더 많은 소득을 올릴 수 있다는 사실을 알게 되었다. 지금까지는 커피생산자협회나 커피조합으로부터 비료 등 농자재를 할인가격으로 구입해 왔다. 그런데 이제는 농자재를 더 싸게 구입하는 방법을 찾고 있다. 그렇다고 그들이 커피조합이나 커피생산자협회에서 탈퇴하는 것은 아니고 조합원 자격은 그대로 보유한다. 조합원으로서 얻는 여러 가지 혜택이 있기 때문이다.

셋째, 커피 소비자의 소비 행태 변화가 커피 경작자에게 영향을 미치고 있다. 소비자의 기호가 복잡해지고 다양해지고 있다. 커피에 대한 지식수준도 향상되었다. 자신이 마시는 커피에 대해 호기심도 많아지고 더 많이 알고 싶어 한다. 고급 커피 즉, 스페셜티 커피에 대한 수요가 늘어나고 있다. 자신이 선호하는 커피에 대해서는 관대하게 지갑을 연다. 일종의 '트레이드 업(trade up)'이다. 좋아하는 상품에 대해서는 얼마든지 돈을 지불한다. 그런데 '트레이드 다운(trade down)' 개념도 있다. 소비자는 자신이 일상적으로 구입하는 상품에 대해서는 어떻게든 가격을 깎으려고 한다는 것이다. 콜롬비아 커피 경작자들은 그 같은 소비자의 변화를 잘 인식하고 있다. 양질의 스페셜티 커피를 생산하고 홍보를 하면 높은 가격에 판매할 수 있다는 것을 안다.

넷째, 인터넷과 소셜 네트워크가 발달해 전통적인 판매망에 의존하지 않고도 자신들의 커피를 널리 알릴 수 있고 직접 판매할 수 있다. 각종 우수 커피 선발대회도 있어서 좋은 평가를 받으면 가격을 수십 배까지 더 받을 수 있다는 것을 안다. 변화는 이미 시작되었다. 기존의 커피 생산 및 유통 체제는 젊은 세대가 만들어내는 변화의 바람을 강하게 맞고 있다.

2. 커피 생산의 차별화

콜롬비아 커피는 세계 소비자에게 비교적 고급품으로 인식되고 있음에도 불구하고 국제 커피대회에서 입상한 일부 스페셜티 커피를 제외하고는 가격이 그리 높게 매겨지지 않는다. 콜롬비아 커피 농가도 특별히 소득수준이 나아지지 않는다. 농자재 가격 인상으로 인한 생산비의 확대, 점점 엄격해지는 품질관리, 중간 매매상의 과도한 이윤 추구, 홍보 및 투자 부족 등

[사진 2] 내추럴 커피 생산을 위해 자연건조 중인 커피 체리.(출처: 저자 촬영)

여러 가지 이유가 있다. 이와 같은 문제점을 극복하고 소득 확대를 위해 개혁 정신을 지닌 콜롬비아의 젊은 커피 경작자들이 다양한 창조적인 시도를 하고 있다.

특히 그들은 포도 생산, 와인 제조 및 판매 방법에서 많은 아이디어를 얻고 있다. 커피의 생산 과정이 와인의 생산 과정과 크게 다르지 않다는 데서 착안한 것이다. 통상적인 커피 생산 과정은 다음과 같다. 커피 열매에서 과육을 벗기고, 찌꺼기가 일부 붙어 있는 커피콩을 적절한 시간 동안 발효시킨 후에 이를 물에 씻거나 발효 과정 없이 과육 찌꺼기가 붙은 채로 말리면 각각 워시드(washed) 또는 허니(honey) 커피가 된다.

과육을 벗기지 않고 체리를 그대로 말리면 내추럴 커피가 된다. 마른 체리 과육 또는 과육 찌꺼기가 붙어 있거나 그것들이 제거되고 딱딱한 껍질이 붙어있는 페르가미노 커피콩의 껍질을 트리야도라(탈각기)로 벗겨내면 회색을 띤 연초록색의 생두가 나온다. 생두를 볶은 뒤에 가루로 만들어 뜨거운 물에 우려낸 것이 바로 우리가 흔히 마시는 커피다.

19세기까지만 해도 커피의 발효 과정에 대한 과학적인 설명이 없었다. 프랑스의 화학자 겸 미생물학자 루이 파스퇴르는 발효 과정에서 효소 또는 미생물의 작용으로 인해 물질의 변화가 일어난다는 사실을 밝혀냈다. 와인의 생산 과정에서 발효 과정은 필수다. 그러나 콜롬비아에서는 커피콩에 남아 있는 과육 찌꺼기를 제거할 것을 권고한다.

그렇지 않을 경우 과육 찌꺼기에 곰팡이가 피어서 썩어버리기 때문이다. 그러나 발효 과정을 적절하게 조절할 경우에는 와인과 마찬가지로 커피에서도 700여 개의 활성·비활성 물질이 생성되는데, 이는 커피의 맛을 풍부하게 만든다. 오늘날 일부 선구자 정신을 지닌 커피 경작자들이 이 같은 발효 과정을 통해 차별화된 커피를 생산한다.

톨리마 주 비야 레스트레포(Villa Restrepo) 시의 라 네그리타(La Negrita) 농장주 마우리시오 샤타(Mauricio Shattah)는 그런 의미에서 선구자다. 그의 농장에서 재배되는 커피 품종이 이채롭다. 게이샤, 부르봉 로호, 부르봉 아마리요, 모카, 마라고지페 등 콜롬비아에서 드물게 재배되는 것들이다.

그는 산소가 없는 상태에서 발효 또는 알코올 발효를 적극적으로 시도하고 있으며, 그 과정을 거치면 신선하고 깨끗하며 진한 향을 지닌 커피가 생산된다는 믿음을 갖고 있다. 그러면서도 그는 여러 가지 변수를 잘 통제하지 않으면 커피가 가진 고유의 성질, 자연의 맛과 향이 변화된다고 생각한다. 예를 들어 감귤류와 꽃, 그리고 단맛과 향을 지닌 민감한 커피 품종인 게이샤를 잘못 발효시키면 고유의 맛과 향이 사라지고 엉뚱하게도 초콜릿과 계피 맛을 지닌 커피가 된다고 경고한다.

산탄데르 주 부카라망가 시에서 멀지 않은 곳에 있는 메사 데 로스 산토스(Mesa de los Santos) 농장의 주인도 새로운 시도를 하고 있다. 그는 발효를 통해 단일 품종뿐만 아니라 블렌딩한 커피의 맛과 향도 변화시킬 수 있다

[사진 3] '메사 데 로스 산토스' 커피를 생산하고 투어 프로그램도 운영하는 '아시엔다 엘 로블레'.
(출처: Hotel Hacienda El Roble)

고 한다. 다양한 커피를 섞음으로써 수백, 수천 종류의 맛을 만들어낼 수 있다고 믿는다.

그는 코팅한 금속으로 만든 발효통에 커피 열매를 그대로 넣어 발효시킨다. 와인을 발효할 때 쓰는 방식이다. 커피 열매의 과육이 발효된, 레드 와인과 같은 색깔의 붉은 액체를 다른 커피 발효에 활용한다. 콜롬비아에는 라 네그리타와 메사 데 로스 산토스 농장처럼 창의적인 방식으로 커피를 가공하는 농장이 여럿이다. 그들은 차별화된 커피를 생산해 파운드당 300달러가 넘는 가격으로 판매하기도 한다.

동일한 커피 농장에서 동일한 품종의 커피를 재배하더라도 경사진 경작지의 어느 사면에서 어느 방향으로 커피나무를 심느냐에 따라 맛이 달라진다. 라 네그리타 농장의 주인 마우리시오 샤타는 미국 나파밸리의 로버트 몬다비 와이너리를 방문해서 영감을 얻었다. 그 와이너리에서는 동일한 포도농장에 동일한 품종의 포도나무를 심었지만 재배 방향을 달리했더니 다른 맛의 포도와 와인이 생산되었다고 한다. 예를 들어 동쪽에 심은 포도로 생산한 와인과 서쪽에 심은 포도로 생산한 와인의 맛이 서로 다르다는 것이다. 그는 캘리포니아에서 돌아온 즉시 게이샤 로호 품종을 가지고 실험을 해서 성공을 거두었다.

그 이외에도 콜롬비아에서는 커피의 차별화를 위해 다양한 시도가 행해지고 있다. 와인의 경우처럼 커피의 수확 시기를 달리해 다른 맛과 향의 커피를 생산한다. 늦게 수확할 경우 커피의 당도가 높아진다는 것은 이미 알려진 사실이다. 어떤 커피 경작자는 수십 가지 방법으로 블렌딩을 시도하고 있다. 일부는 와인의 포장 디자인을 커피에 사용하기도 한다. 차별화가 소득 증대로 이어지는 것은 당연하다. 에헤 카페테로의 미라플로레스 농장(Finca Miraflores)은 그 지역을 자전거로 여행하는 관광객을 겨냥해 '페달링 커피(Pedalling Coffee)'라는 상표의 커피를 판매하고 카페도 운영한다. 자전거 여행과 커피를 결합한 것이다. 그곳에서는 커피를 가공하는 과정도 소개한다.

3. 공정무역 커피

세계 커피의 약 60퍼센트는 라틴아메리카에서, 27퍼센트는 아시아와 오세아니아에서, 13퍼센트는 아프리카에서 재배되고 있다. 이들 지역은 거의 모두 소득 수준이 낮은데, 설상가상으로 악화되는 국제 경제, 불안(공)정한 커피 가격, 경작 비용의 증가, 농지와 노동력의 감소, 커피 재배지 사회의 빈곤, 기후변화 등의 영향으로 커피 산업이 점점 어려워지고 있다. 게다가 커피는 식품 회사에게는 확실한 이익을 가져다주지만 생산 농부들에게는 그렇지 못하다. 커피 생산자들에게 할당되는 소매 가치가 점점 하락했기 때문이다. 선진국의 카페에서 팔리는 커피 한 잔 값의 1-3퍼센트, 슈퍼마켓에서 팔리는 커피 값의 2-6퍼센트만이 커피 생산 농가에게 돌아갔다고 한

[그림 1] 공정무역 및 공정무역기구 로고.(출처: 위키피디아)

다. 공정무역이 필요한 이유다. 공정무역은 커피 생산 농가가 공정하고 안정적으로 생산비를 충당할 정도의 수익을 얻을 수 있도록 만들어진 것이다. 경제적·사회적·환경적 측면에서 지속가능 발전을 가능하게 하는 제도라고 할 수 있다.

커피 경작자들이 공정무역에 참여하려면 공정무역에 합당한 크기의 사업 규모, 이미 설정된 지속가능하고 모범적인 사례를 활용한 지속적인 품질 개선, 장기계약 등의 요건을 갖추어야 한다. 국제적인 공정무역 인증제도는 NGO인 막스 하벨라르(Max Havelaar) 재단에 의해 1998년에 도입되었고, 현재는 국제공정무역인증기구(FLO, Fairtrade Labelling Organizations International)가 심사해 인증 사용을 허용한다. 공정무역 인증을 획득하려면 경제적 요건뿐만 아니라 사회적·환경적 사안을 포괄하는 윤리적 요건을 충족해야 한다.

막스 하벨라르는 '물타툴리(Multatuli: '엄청난 고통을 겪은 자'라는 뜻)'라는 필명으로 알려진 네덜란드 출신 작가 에뒤아르트 다우어스 데커르(Eduard Douwes Dekker, 1820-1887)가 1860년에 출간한 소설의 제목이다. 『막스 하벨라르』는 1602년부터 약 340년 동안 인도네시아를 식민지배한 네덜란드가 열대작물 강제 재배 정책으로 원주민에 대한 착취와 수탈을 강화한 1800년대 중반을 배경으로 한다. 이 소설은 인도네시아가 겪은 네덜란드 식민지배에 대한 기록이며, 인류 역사의 보편적 주제인 수탈과 인권 유린에 대한 고발문학이다.

그런데 이 소설은 약 100년이 지난 뒤에 '공정무역'을 통해 또 다른 결실을 맺는다. 네덜란드 출신 신부 프란스 판 데어 호프(Frans van der Hoff)가 1986년에 '막스 하벨라르' 재단(회사)을 만들어 공정무역 운동을 시작한 것이다. 칠레에서 사역하던 신부는 아우구스토 피노체트(Augusto Pinochet) 장군이 이끄는 군대가 쿠데타를 일으켜 살바도르 아옌데(Salvador Allende) 대통령을 시해하고 정권을 잡자 멕시코로 건너가 오아하카에서 활동한다. 그는 자신들이 재배한 커피 원두를 헐값에 넘기고 고리채에 시달리는 멕시코 농민의 실상을 목격하고서 불공정 거래를 타파하고 농부에게 보다 많은 이익을 보장하기 위해 1973년에 '이스트모 지역의 원주민 공동체 조합(Unión de Comunidades Indígenas de la Región de Istmo, UCIRI)라는 이름의 커피협동조합을 만든다. 이에 따라 이 지역에서 생산된 커피에 '막스 하벨라르'라는 상표가 붙고, 이와 더불어 '공정무역 커피'가 탄생한 것이다. 한 마디로 말해 막스 하벨라르 회사는 농부에 의한, 농부를 위한 회사였다. 1988년에 작은 배급망을 통해 시장에 선보인 막스 하벨라르 커피는 소비자가 보다 신선한 제품을 보다 싼 값에 구입할 수 있는 계기를 제공했다. 생산자와 소비자를 새로운 방식으로 연결한 막스 하벨라르 커피는 유럽의 여러 나라에서 호응을 얻었다. 커피가 성공을 거두자 막스 하벨라르 재단은 카카오와 초콜릿을 시장에 내놓았다. 뒤이어 차(茶), 꿀, 과일 주스, 바나나 등으로 품목이 확대되고, 여러 가지 품목의 생산과 판매를 위해 전 세계에 긴밀한 네트워크가 만들어졌다. 공정무역은 전 세계로 퍼져나가 총 35,000여 개의 국제공정무역기구 인증 상품이 소비자와 만나고 있다.

콜롬비아에서 처음으로 공정무역 인증을 획득한 커피 경작자 단체는 아스프로카페 인그루마(Asprocafé Ingruma)다. 인그루마는 '높고 단단한 바위'라는 뜻의 원주민 말로, 리오수시오 시의 상징이다. 리오수시오 지역에는 해발고도 2,000미터가 넘는 인그루마 산이 있다. 이 단체는 칼다스 주 리오수시오 시에서 인간의 존엄성과 연대를 기치로 내세우고 영세 커피 경작자, 원주민 및 농민의 생활 향상을 위해 결성되었다. 이 단체가 생산하는 유기농 무공해 커피 인그루마는 강한 과일 및 초콜릿 향과 신맛 그리고 초콜릿, 곡물, 과일 및 캐러멜 맛을 겸비한 중간 또는 높은 정도의 바디를 갖고 있다. 1992년에 처음으로 커피조합의 자회사인 엑스포카페를 통해 공정무역 커피를 외국에 수출했다.

콜롬비아에서는 엑스포카페가 공정무역을 주도하고 있다. 처음에는 공정무역의 대상이 커피였으나 지금은 카카오, 바나나, 꽃, 과일, 공예품 등으로 확대되었다. 현재 생산자, 가공업체, 수출업체 등 120개의 기관이나 단체가 공정무역 인증을 사용하고 있는데, 커피는 70개 기관, 바나나는 36개 단체가 사용한다.

1988년에 우일라 주 캄포알레그레(Campoalegre) 시에 '라 에스페란사(La Esperanza: '희망'이라는 의미)'라는 이름의 협동단체가 결성되었다. 이들의 활동 목적은 자신들이 거주하는 마을의 교육을 개선하고 공공보건 수준을 높이며 환경문제에 대한 주민의 인식을 제고하는 것이었다. 그들은 활동을 강화하면서 1996년에 카데피우일라(Cadefihuila) 커피조합과 함께 공정무역 인증을 받았다. 라 에스페란사에 소속된 커피 경작자들은 현재 엑스포카페를 통해 독일 등에 1,000카르가(1carga는 125킬로그램이다)의 공정무역 커피를 높은 가격으로 수출한다.

[그림 2] 공정무역 커피 홍보 포스터.(출처: 위키피디아)

커피 산업은 커피 재배지역의 정치·경제·사회 구조를 좌지우지해 왔다. 역사적으로 식민 시대의 커피 산업은 식민지 원주민과 아프리카 노예의 노동력 착취를 통해 지탱되어 왔으며, 독립 이후에는 개발도상국 주민의 노동력 착취를 통해 이루어졌다. 커피의 단일 경작이 노동 착취와 토지 강탈을 심화시켰다. 한편 커피 산업이 수출에 집중함으로써 전통적인 자급자족 농업 방식이 사라지게 되고, 그럼으로써 국가 경제의 외국 의존도가 심화되었다.

다른 한편으로는 커피가 코모디티(commodity) 상품이 되면서 커피 농가에게는 중요한 환금작물이 되고, 유기농 상품 생산, 공정무역, 철새 서식지 등의 모델이 되기도 했다. 중남미 국가들은 커피 산업으로 축적된 자본으로 항구를 정비하고 내륙과 항구를 잇는 철도망을 구축하는 등 인프라를 강화할 수 있었다.

커피는 노동집약적 산업이다. 노동집약도가 콩이나 옥수수보다 3-5배, 면화나 사탕수수보다 20배나 높다. 중남미에 커피가 이식된 지 200년이 넘었지만 열매를 손으로 따는 수확 방식은 거의 그대로다. 중남미 20여 개 나라에서 커피 수확에 참여하는 인구는 8천만 명에 이른다. 중남미 인구(약

6억 4천만 명)의 12퍼센트를 상회하는 수치다. 일반적으로 커피가 우리 삶에서 여유로움과 세련됨을 상징하지만 커피 경작자들의 삶은 전혀 다르다. 그들에게 커피는 생존의 수단이다. 커피를 통해 부가 만들어지는 곳은 생산지가 아니라 소비지다. 커피 생산지 지도와 빈곤지 지도가 거의 겹치는 것이 이를 증명한다.

공정무역은 빈곤의 완화와 지속가능한 발전을 위한 전략으로, 전통적인 무역 관행 때문에 불이익을 당하고 경쟁에서 밀려난 생산자에게 기회를 제공한다. 한마디로, 저임금으로 일하는 커피 농가에게 노동에 합당한 임금이 지불되게 하자는 것이다. 공정무역의 원칙에 따른 가격은 대화와 참여를 통해 현지 사정에 맞게 합의된 가격으로, 생산원가를 반영할 뿐만 아니라 사회적으로 공정하고 환경적으로도 건전해야 한다. 이 가격을 통해 모든 남성과 여성의 노동이 정당하게 평가받아야 한다.

미국의 경우, 지난 45년 동안 커피 한 잔의 가격이 6배 이상 올랐지만 생두의 수입 가격은 그대로라고 한다. 커피로 인해 창출된 총 부가가치 중에서 커피 생산지역에 남는 것은 10퍼센트 정도에 불과하다. 그 10퍼센트에서 커피 생산에 필요한 비용을 제외하고 남은 소액만이 커피 농가에게 돌아간다. 이같은 사례만 보더라도 국제 커피 가격이 공정하지 못하다는 사실을 충분히 알 수 있다. 물론 공정무역 커피에 대한 반발도 있다. 공정무역 커피 단체들이 소비자에게 충분한 임금을 받는 노동자가 생산한 커피(공정무역 커피)를 마시라고 권하는 한편으로 공정무역 커피를 소비하도록 죄책감을 유발한다는 것이다.

스타벅스는 한때 공정무역 커피를 팔지 않는 악덕기업으로 몰린 적이 있다. 1999년에 세계무역기구(WTO) 각료회의가 시애틀에서 개최되었을 때 시위대는 스타벅스 매장에 돌을 던지고 에스프레소 커피 머신을 마구 부숴버렸다. 당시 스타벅스는 커피 생산자들에게 비교적 좋은 대우를 해주었고, 공정무역으로 거래되는 생두가 스타벅스의 품질기준에 못 미치는 경우가 있었음에도 공정무역 커피의 구매를 2배나 늘렸다. 이를 통해 스타벅스는 세계 최대의 공정무역 커피의 구매자가 되었고, 공정무역 커피 협동조합들의 운영을 지원하고 기술을 공급하면서 회원들에게 교육 기회도 제공하고 있다.

토마스 프리드먼(Thomas Friedman)은 저서『세계는 평평하다: 21세기의 짧은 역사』에서 인터넷과 휴대전화로 인해 세계 경쟁의 장이 평평해지면서 제3세계에서도 소통을 하고 사업을 하는 것이 가능해졌다고 했다. 이제 콜롬비아 시골의 젊은 커피 농장주도 인터넷이나 휴대전화를 통해 커피에 관한 지식뿐만 아니라 커피 가격이나 시장정보를 쉽사리 찾을 수 있게 되었다. 그들이 뉴욕의 커피 시장이나 로스팅 업체가 거래하는 생두의 가격에 관한 정보에 접근하는 것이 가능해졌기 때문에 과거처럼 커피 구매자가 생두의 가격을 턱없이 낮게 요구함으로써 불합리한 이익을 챙기는 일은 결코 쉽지 않을 것이다.

4. 제3의 물결

1976년 5월 24일, 프랑스 와이너리들의 교만한 자존심을 사정없이 구겨버린 '파리의 심판(Judgment of Paris)'이 이루어졌다. 전 세계가 프랑스 와인에만 열광하던 시기에 미국 와인을 단번에 세계 유수의 와인 반열에 올려놓았다. 블라인드 테스팅에서 캘리포니아 와인이 역사와 전통을 자랑하는 프랑스 와인을 제치고 최고의 평가를 받은 것이다. 이 사건은 전 세계 와인 업계에 엄청난 파장을 일으키며 미국 와인이 프랑스 특급 와인들과 어깨를 나란히 하게 만든 계기가 되었다. 와인의 향과 맛을 인지하는 데 후각이 차지하는 비중이 크기 때문에 자신의 코를 백만 불짜리 보험에 가입한 것으로도 유명한 세계적인 와인 평론가 로버트 파커(Robert Parker)는 파리의 심판을 다음과 같이 평가했다. "프랑스 와인이 우월하다는 신화를 깨고 와인 세계의 민주화를 이루어낸, 와인 역사상 중대한 분기점이다." '파리의 심판'은 세계 최고의 와인이나 최고의 커피는 정해진 곳이 따로 있지 않고, 재배 지역의 땅과 물과 바람이 도움을 주고, 재배자의 정성과 노력이 들어가면 최고가 될 수 있다는 교훈을 남겼다.

스페셜티 커피에 대한 소비자의 선호도가 점점 높아지고 있다. 통계에 따르면 한국 커피 시장에서 스페셜티 커피의 비중이 17퍼센트까지 높아졌다고 한다. 소비자들은 커피의 향미에 눈을 뜨면서 커피를 와인처럼 가려 마시기 시작했다. 커피도 와인처럼 산지와 품종의 특성을 구분해 가며 오롯이 즐기자는 움직임이다. '스타벅시즘(Starbucksism)'으로 상징되는 커피 맛의 획일화와 몰개성화에 반기를 든 것이다.

스타벅스도 이 같은 움직임을 인지하고 고급 커피를 제공하는 리저브 매장을 운영하기 시작했다. 2014년에 스타벅스가 한국에 리저브 매장을 설치하자 파스쿠치, 엔제리너스, 탐엔탐스, 할리스커피 등의 체인들도 스페셜티 커피를 취급하기 시작했다. 스페셜티 커피만을 공급하는 도매상도 곳곳에 들어서는 추세다. 앞으로는 콜롬비아 에헤 카페테로의 자연을 머금은 스페셜티 커피도 한국 소비자에게 더 많이 소개될 것으로 보인다.

바야흐로 '제3의 물결'로 불리는 스페셜티 커피의 시대가 도래했다. 미국 스페셜티커피협회(SCAA)의 직원이던 트리시 로스겝(Trish Rosgeb)이 2002년에 한 언론에 기고한 글에서 이 용어를 처음 사용했다. 미국의 미래학자 앨빈 토플러의 저서 『제3의 물결』을 차용한 것이다. 제1 물결, 제2 물결의 시점이 언제인지 정확하지 않으나 인스턴트 커피가 소비자들에게 커피 음용의 편리함을 가져다준 것이 제1의 물결이라고 한다면, 스타벅스가 상징하는 것처럼 규격화된 커피의 대중화를 제2의 물결이라고 볼 수 있을 것이다. 스타벅스의 성장세는 지금도 무섭다. 스타벅스는 수천 년에 이르는 전통차 음용의 역사를 지닌 중국인 수억 명의 습관을 바꾸었다. 스타벅스는 1999년 1월, 중국에 1호점을 개설했다. 2022년 초에는 200개 이상의 도시에 약 5,500여 개의 매장을 보유하고 있다. 한국에도 1,700여 개가 넘는 매장이 있다.

제3의 물결을 옹호하는 사람들은 커피 경작자들과 직접적인 관계를 맺으며, 그들의 품질 향상을 지원하고 그들이 생산한 커피를 최고 수준의 가격으로 구입한다. 그들은 투명성 제고와 소통 촉진을 위해 로스터, 커피 경작자, 수출업자, 수입업자, 바리스타들과 회합도 한다. 아울러 최고 품질의 커피를 만들기 위해 끊임없이 혁신을 추구한다.

소위 '포미(FORME)' 족이 제3의 물결로 대변되는 스페셜티 커피 소비를 선도한다. 포미족은 건강을 중시하며(For Health), 싱글(One)이고, 여가(Recreation)를 즐기며, 편안함(More Convenient)을 추구하고, 고가(Expensive)의 상품을 구매한다.

2022년 2월에 코엑스에서 개최된 '서울 카페쇼'는 'ALWAYS'를 2022년도 커피 산업의 키워드로 선정했다. 이는 커피 소비자의 트렌드를 잘 반영한다. A는 '대안(Alternative)'으로, 소비자들에게 대체 가능한 옵션을 제공하는 것이다. 즉, 비건(vegun) 소비자를 위해 우유 대신에 귀리우유를 제공하는 것과 같다. 콜롬비아에서 아모르 페르펙토 사가 칸나비디올(CBD)이 함유된 커피를 생산하려는 것도 같은 추세다. L은 '지역적(Local)'이다. "가장 지역적인 것이 가장 세계적이다"라는 말이 있듯이, 세계적인 지명도를 얻으려면 지역적인 것을 더욱 잘 알아야 한다. 세계의 소비자들은 독특한 상품 즉, 지역적인 상품에 매료된다. 스페셜티 커피가 각광받는 이유도 바로 여기에 있다.

W는 '복지(Wellness)'로, Well-being과 Fitness가 결합되었다. 행복하고 건강한 삶을 추구한다는 것이다. 또 다른 A는 '자동화(Automation)'다. 커피 산업에 기술이 접목되고 있다는 것이다. 커피의 생산, 가공, 유통, 보관, 서빙 등의 과정에 다양한 신기술이 도입되고 있다는 데는 더 이상 설명이 필요 없다. Y는 '자신(Yourself)'이다. 소비자가 스스로 커피를 만든다는 것이다. 자기만의 커피를 고르고 맛을 찾는다는 의미도 있다. 이제 세상은 개성의 시대가 되었다. 개성은 매력이다. 마지막으로 S는 '지속가능성(Sustainability)'이다. 지속가능한 친환경 소비를 강조한다. 무공해 유기농커피와 공정커피가 각광을 받는 이유다. 사실 가난에 찌든 영세 경작자가 생산한 커피는 기본적으로 유기농커피였다. 비료나 살충제를 살 형편이 못 되었기 때문이다. 현재 유기농 인증 커피가 수백 개나 된다. 소비자는 소비를 통해 건강한 자연과 건강하고 공정한 사회를 추구한다. 포미족의 소비행태와 유사하다. 이같은 추세는 콜롬비아 커피 산업에도 변화의 동인(動因)으로 작동하고 있다.

5. 변화하는 커피 소비 트렌드

소득 수준의 향상으로 배고픔의 문제가 해결되자 식품에 대한 관심이 높아지게 되고, 건강에 유익한 고품질의 식품을 찾게 되었다. 커피에 대한 소비자의 기호와 취향도 변화하고 있다. 커피를 카페에서 사람들과 소통하는 데 딸려 나오는 의례용 보조식품으로 여기기도 하지만, 오직 커피를 즐기기 위해 카페에 가는 사람도 많다. 커피의 가격도 만만치 않다. 보통 커피 체인점의 커피 한 잔 값이 3-4달러나 되고, 고급호텔에서는 10달러가 넘는다. 소비자는 돈을 지불하고 사는 물품에 대해서는 그만한 효용가치가 있는지를 철저하게 따진다. 가치가 없으면 냉정하게 외면한다. 소비자는 커피도 맛이 있거나 자기 취향에 맞아야 지갑을 연다. MZ세대일수록 그런 경향은 더욱 강하다.

커피의 맛은 커피의 품종, 생두의 생산지와 품질, 체리에서 생두가 되기까지의 가공과정, 생두를 볶는 정도와 방법, 물을 희석해 커피 가루에서 커피 성분을 추출하는 방법, 커피에 희석하는 다양한 부가물질 등에 따라 천차만별이다. 이제 소비자는 커피를 선택해 마신다. 원산지 국가 이름을 밝히고 좋아하는 커피의 향미를 주문한다. 로스팅 스타일 뿐만 아니라 디카페인 커피인지 레귤러 커피인지도 구분해 마신다. 분쇄되는 커피 입자의 크기도 요구할 수 있다. 소비자가 원하는 맛의 커피를 제공하는 것은 비즈니스의 기본이다. 나아가 새로운 맛을 적극적으로 창출해 소비자가 구매하도록 설득하는 것이 '제3의 물결' 시대의 커피 비즈니스다. 사회학자 레이 올드버그(Ray Oldverg)는 카페의 생존 여부가 현대에 살고 있는 소비자의 요구를 충족시킬 수 있느냐 없느냐의 여부에 달려있다고 했다.

소비자는 호기심이 많다. 과거에는 필요와 효용에만 관심을 두었을 뿐 소비하는 물품의 정보에 그리 큰 호기심을 갖지 않았다. 예를 들어 책상의 경우, 공부하거나 일하는 데 편하면 그만이었다. 요즈음의 소비자는 다르다. 책상에 사용된 나무가 자연목인지 합판인지, 어떤 종류의 나무를 사용했는지, 그 나무는 어디서 생산된 것인지 등에 관심을 갖는다. 한국의 쌀 생산자들은 쌀 포대에 품종, 생산자, 생산지역, 생산시기, 쌀의 특징 등 정보를 인쇄해 소비자에게 제공한다. 생산자의 사진과 전화번호도 넣는다. 이는 소비자의 호기심을 충족시키는 것 이외에 투명성과 신뢰감을 제고하는 방법이다. 와인의 라벨에도 단일 포도 품종으로 만든 것인지 여러 가지 품종을 혼합해 만든 것인지, 어느 나라 어느 와이너리에서 생산된 상품인지, 어떤 등급인지 밝혀져 있다.

커피에 대한 소비자의 기대도 마찬가지다. 소비자는 궁금하다. 자기 몸속으로 들어가는 커피가 어떤 품종이고, 어느 나라에서 누가 경작했으며 어떻게 가공되었는지, 그리고 카페인의 함량이 어느 정도인지 알고 싶어 한다. 이는 소비자의 알 권리이기도 하다. 커피 생산자나 유통업자 그리고 판매점의 주인은 그 호기심과 의문을 해소할 의무가 있으며, 소비자의 알 권리를 존중해야 한다.

소비자들은 스토리에 열광한다. 어떤 경우는 상품의 내재가치보다 그 상품에 입혀진 스토리의 가치를 높이 산다. 테마 여행이 인기 있는 것도 마찬가지다. 여행객은 스토리로 인해 여행의 동기를 부여받는다. 셰익스피어의 『로미오와 줄리엣』은 이탈리아 북부 도시 베로나를 연인들의 필수 관광지로 만들었다. 예루살렘과 메카는 기독교인과 무슬림이 평생을 계획해 방문하는 장소다. 애니메이션이나 만화영화가 유행하는가 싶으면 그 영화에 나오는 인형이나 소품이 불티나게 팔린다. 스포츠선수의 유니폼도 비싸게 팔린다. 기억될 만한 스토리를 만드는 것과 더불어 그 스토리를 널리 홍보하는 것도 중요하다. 커피에도 스토리를 입힐 수 있다. 콜롬비아에는 평화의 커피, 여성의 커피, 수도원 커피 등 스토리를 가진 커피상품이 많다.

요즘에는 소비자가 자신의 사회적 기여를 고려해 소비하는 경향이 있다. 기업들에게는 'ESG'가 대세다. 기업들이 환경친화적이고(Environment), 사회적 기여를 고려하며(Social), 바람직한 기업구조(Governance)를 감안해서 투자해야 한다는 것이다. 소비자도 자신의 소비활동이 누군가에게 유익하다면 상품이 조금 비싸더라도 기꺼이 구입한다. 사회적으로 기여하는 소비를 하겠다는 의미다.

반세기 동안 진행된 콜롬비아 내전은 수십만의 인명을 앗아갔다. 콜롬비아 국민에게 그 무엇보다도 평화 정착이 소중하다. 평화를 일구고 가꾸는 과정에서 커피가 밀알이 되고 있다. 평화협정으로 무장 게릴라들이 무기를

[사진 4] 무공해 유기농 커피 제품 상표.(출처: 저자 촬영)

반납했다. 그 동안 정부군과 무장반군 간의 전쟁으로 많은 여성이 인권유린을 당했는데, 무장해제자들과 여성가장들이 커피 재배를 통해 새로운 삶을 개척하고 있다. 콜롬비아 커피를 마시는 것은 콜롬비아의 평화에 기여하는 것이다. 그것을 알면 커피의 맛이 배가될 것이다.

10장
기후변화와 커피 산업

1. 기후변화에 대응하는 커피 산업계의 노력

국제열대농업센터(International Center for Tropical Agriculture)에 따르면 기후변화로 현재 커피 경작지의 50퍼센트가 2050년까지 커피 경작지로 부적합해진다고 한다. 영국의 왕립식물원도 2080년까지 현재 아라비카 품종 재배지의 99.7퍼센트가 커피 재배에 부적합해질 가능성이 크다고 예측했다. 커피는 온도에 민감한 식물이라서 평균 온도가 섭씨 1도만 달라져도 맛에 차이가 나고 2도가 변화하면 생산성이 급락하며, 3도가 달라지면 커피나무가 자랄 수 없다고 한다. 특히, 아라비카 품종은 유전적 다양성이 부족해 기후변화와 질병에 취약하다. 기후변화는 기온을 상승시키고 우기를 길게 만들어 커피 녹병이 창궐하는 환경을 만든다. 영세 커피 경작자들은 기후변화 대처 능력이 부족하기 때문에 대농장에 비해 더 취약하다.

커피 녹병은 건기가 시작되면 사라지는 곰팡이 병이었으나 기후변화로 우기와 건기의 균형이 깨지면서 곰팡이가 기승을 부리게 되었다. 본래 커피 녹병은 추운 곳에서는 활동을 못했다. 그러나 기후변화로 온도가 높아지자 높은 고도의 커피 농장도 피해를 입게 되었다. 커피 녹병은 오래되거나 약한 커피나무를 더 많이 공격한다. 영세농들은 그와 같은 사실을 잘 알지라도 투자금이 부족해 노령의 커피나무를 교체하기가 쉽지 않다.

커피나무가 기후변화로 인해 고지대로 쫓겨 가고 있다. 기온이 상승하자 농장주들이 산악지대 경사지의 더 위쪽으로 커피 재배지를 옮기고 있는 것이다. 산의 구조가 원뿔형이라 위쪽으로 올라갈수록 토지 면적이 줄어들기 때문에 커피 재배 면적도 줄어드는 것이 자명하다. 다만, 고도가 높아질수록 생산되는 커피콩이 단단하고 품질도 좋아진다는 장점은 있다.

2022년 2월 초에 에헤 카페테로의 중심지인 마니살레스에서 산사태가 발생해 17명이 사망했다. 하루에 90밀리미터의 강우가 내린 것이다. 우리

[사진 1] 에헤 카페테로에서 흔히 발생하는 산사태로 인해 두절된 도로.(출처: Dagran)

나라의 기준에서 보면 그리 많은 강우량이 아니지만, 콜롬비아에서는 사정이 다르다. 에헤 카페테로 지역은 장년기 산지라 급경사의 계곡이 발달해 있고, 그 경사면에서 커피 경작이 이루어진다. 도로도 마찬가지다. 산의 사면을 가파르게 깎아서 만든 것이 대부분인 데다 우리나라처럼 암석 지형이 아니라서 시도 때도 없이 토사가 도로를 덮친다. 그러니 기본적으로 도로 등 인프라 건설에 많은 비용이 들어간다. 산사태 예방 시설이나 관리 예산이 부족해 비가 조금만 와도 도로가 두절되고 며칠 동안 방치된다. 콜롬비아 커피 생산지도 기후변화의 피해에 많이 노출되어 있다.

콜롬비아 커피생산자협회의 커피 연구기관인 세니카페는 3-5월에 라니냐 현상이 발생할 확률이 대단히 높다고 경고했다. 태평양 표층 수온이 저하되고, 태평양 적도 지역에서 동풍이 강화된다는 것이다. 라 니냐 시기는 콜롬비아의 커피 수확 시기와 맞물려 있고, 일부 지역에서는 커피나무 개화 시기와 겹친다. 2월 초중순이면 건기임에도 불구하고 보고타에서는 하루에 한 번 비가 내린다. 어떤 때는 우박도 쏟아진다. 2022년 1월에는 커피 생산량도 줄어들었다. 커피 가격 급등으로 농가의 수입이 늘어났지만 이는 일시적인 현상일 뿐이기 때문에 각 커피 농장은 피해를 줄이기 위해 나름대로 대비를 해야 한다.

커피 산업 분야에서도 기후변화에 대응하기 위한 노력이 세계 곳곳에서 이루어지고 있다. 그 가운데 하나가 기후변화에도 생존할 수 있는 커피 품종을 찾아내는 것이다. 2018년에 아프리카 시에라리온에서 야생종 커피가 발견되었다. '스테노필라(Stenophylla)'로 명명된 이 커피는 1954년 이후로 종적을 감추었으나 다시 발견된 것이다. 커피 전문가들이 이 커피를 스페셜티커피협회 평가 기준으로 테스트해본 결과 80.25점을 받음으로써 스페셜티 커피의 기준인 80점을 충족시켰다. 스테노필라는 아라비카에서 기대할 수 있는 자연적인 단맛, 중간 정도의 산도, 과일 향, 풍부한 바디감을 지니고 있었다. 81퍼센트의 전문가들이 스테노필라와 아라비카의 차이를 구분하지 못했다.

아라비카 품종은 평균 섭씨 19도의 서늘한 기후에서 잘 자라고, 로부스타는 섭씨 23도의 더운 기후에서 잘 자란다. 아라비카는 맛과 향이 풍부하지만 높은 기온에서는 견디지 못한다. 로부스타는 기후변화에 비교적 강한 편이지만 맛과 향이 아라비카에 비해 현저히 떨어진다. 스테노필라가 아라비카와 로부스타의 취약점을 모두 보완한 구원투수로 등장한 것이다. 스테노필라는 연평균 24.9도의 온도에서 자라며 고온에도 잘 견디면서 풍부한 맛을 낸다고 한다.

기후변화 문제는 커피 등 농작물 생산에 국한되는 문제가 아니다. 벌써 모든 인류의 삶에 영향을 미치기 시작했다. 기후변화를 음모론으로 주장

[사진 2] 아프리카 시에라리온에서 발견된 스테노필라 야생종 커피.(출처: IRD Multimédia)

하는 세력들도 있었으나 지금은 온 인류가 대처해야 할 최대의 시급한 문제라는 데 이견이 없다. 2015년의 파리 기후변화협약에서 지구의 평균기온 상승폭을 산업화시대 이전 대비 섭씨 2도보다 낮은 수준으로 유지하고 상승 폭이 최대 1.5도를 넘기지 않도록 하는 데 합의했다. 2050년까지 전 지구적 '탄소중립'을 선언하고, 각국은 자발적인 온실가스감축 목표(NDC/ Nationally Determined Contribution)를 설정하기로 했다.

중남미 국가 중 콜롬비아는 기후변화의 문제에 선도적인 역할을 하고 있다. 2050년도 탄소중립을 달성하겠다고 선언한 것을 물론, 2030년까지 BAU(Business As Usual) 대비 51퍼센트의 온실가스 감축 목표를 발표했다. 해당 국가들을 규합해 아마존 분지를 보호하는 데도 열정적이다. 화석연료를 신재생에너지로 대체하는 야심적인 계획을 갖고 있고, 이를 행동으로 옮기고 있다.

기후변화는 특히 개도국에 많은 피해를 유발한다. 영국의 구호단체 옥스팜은 우간다에서의 기후변화가 수십 년 내에 동아프리카 국가들의 핵심 수출 품목인 커피를 멸종시킬 수도 있다는 보고서를 발표했다. 우간다는 에티오피아에 이어 아프리카에서 두 번째로 커피를 많이 생산한다. 옥스팜

보고서는 지구의 평균기온이 섭씨 2도 상승하면 우간다에서 커피 재배가 불가능해지는데, 최소 30년 또는 40년 내에 그런 일이 발생할 것이라고 예측했다. 동아프리카 커피협회장은 커피나무를 더 많이 재배할 경우 지구의 온도상승을 막을 수 있기 때문에 커피 농가가 커피 재배를 지속해줄 것을 요청했다. 기후변화에 적응하려는 보다 적극적인 노력이 필요하다는 것인데, 커피 재배가 인류의 대재앙이 될 수 있는 기후변화에 대처하는 하나의 방법이 될 수 있다는 것이다.

참고문헌

마크 펜더그라스트(2013), 『매혹과 잔혹의 커피사』, 정미나 옮김, 을유문화사.

박영순(2017), 유사랑 그림, 『커피인문학』, 인물과사상사.

서울대 라틴아메리카연구소(2018), 『디코딩 라틴아메리카』, 지식의날개.

서필훈(2020), 『커피를 좋아하면 생기는 일』, 문학동네.

신혜경(2022), 「커피추출 기술의 역사」, 『IT 조선』, 2022년 8월 12일 자.

아이비라인 출판팀(2017), 『커핑 노하우』, 아이비라인.

외교부 중남미국 중미카리브과(2021), 『콜롬비아 개황』, 외교부.

윤재훈(2022), 「터키, 오스만 대제국의 나라 3」, 『이모작뉴스』, 2022년 1월 26일 자.

이길상(2021), 『커피 세계사+한국 가배사』, 푸른역사.

이승민(2016), 『나의 콜롬비아 커피 농장 여행기』, 창조와 지식.

이재선(2015), 『아싸라비아 콜롬비아!』, 효형출판.

조구호 외(2023), 『라틴아메리카 음식 '듬뿍'』, 한울.

중남미 자원·인프라 협력센터 콜롬비아 분소(2013), 「콜롬비아 생물다양성 및 생명공학 현황」.

추종연(2022), 「다양한 변화와 스토리를 지닌 콜롬비아 커피」, 『아시아경제』, 2022년 2월 28일 자.

추종연(2011), 「콜롬비아 커피 읽기」, 『문화일보』, 2011년 11월 8일 자.

추종연(2013), 「안데안 지역 코카 재배 현황과 문제점」, 『외교』 107, 88-98쪽.

추종연(2013), 「콜롬비아의 평화협상과 평화정착 주요 과제」, 『이베로아메리카』 15(2), 307-319쪽.

추종연(2014), 「반세기 한-콜롬비아 관계의 변화와 발전」, 『국제지역연구』 18(12), 5-26쪽.

추종연(2019), 『신의 선물 사람의 땅, 중남미』, HUINE.

추종연(2020), 「콜롬비아 평화과정: 고백과 진실의 고통」, 『한국외국어대학교 중남미연구소 웹진』 2020년 12월.

추종연(2021), 「한국과 콜롬비아 간의 특별한 협력관계」, 『외교』 137, 126-141쪽.

탄베 유키히로(2018), 『커피세계사』, 윤선해 옮김, 황소자리.

하인리히 에두아르트 야콥(2013), 『커피의 역사』, 남덕현 옮김, 자연과 생태.

『커피경제신문』, http://ecoffeenews.com.

국제공정무역기구 한국사무소, http://fairtradekorea.org/main/user/userpage.php?lpage=ft3_1_kor.

알마즌커피, https://www.almazncoffee.co.kr/?p=535.

바리스타룰스, http://baristarules.maeil.com/blog/3497/.

커피선생 아카데미, https://thecoffeehouse.tistory.com/316.

Andrés Pardo Gomez(2023), "Coffea. Colombian Coffee: Identity Diversity People and Terroir", https://accademiaespresso.com/coffea-colombian-coffee-identity-diversity-people-and-terroirs/.

Benoit Daviron & Stefano Ponte(2005), *La Paradoja del Café*, Legis S.A..

C. Sánchez, J. Silva, K. Portilla, A. Gaitán, S. Sadeghian y V. Osorio(Org.)(2018), *De la Geologia al Café*, Imprenta Nacional de Colombia.

Cesar Augusto Echeverry Castaño(2020), *Historia del Café*, Mentes a la Carta.

Diego Pizano(2021), *El Café Encrucijada*, Alfaomega S.A..

El Fondo Multidonante de Naciones Unidas para el Sostenimiento de la Paz(2020), "Informe Anual 2020".

Felipe Durán Ramírez(2001), *Cultivo del Café*, Grupo Latino Editores.

Fernando Turk Rubiano(1996), *Haciendas del Café*, Editorial Nomos.

Juan Carlos López(2017), *90 Years Colombian Coffee: Growing for the Future 1927-2017*, Federación Nacional de Cafeteros de Colombia, Editorial EAFIT.

Mincomercio(2021), *Contemplar Comprender Conservar*, Puntoaparte SAS.

Oswaldo Morales Tristán, Adriana Roldán Pérez and Julie Kim(2014), *Casos Exitosos de Empresas Latinoamericanas en Asia*, Universidad ESAN.

Otto Morales Benítez(1990), *Historias Económicas del Café y de Don Manuel*, Fondo Cultural Cafetero, Editorial Kimores Ltda..

Sociedad de Agricultores de Colombia(2021), *Agriculture and Agroindustry in Colombia*, Consuelo Mendoza Ediciones.

Wade Davis(2018), *Caficultura Huilense, Modelo de Paz y Prosperidad 1928-2018*, Comité de Cafeteros de Huila.

El Tiempo, https://www.eltiempo.com/.

La República, https://www.larepublica.co/.

Perfect Daily Grind, https://perfectdailygrind.com.

Portafolio, https://www.portafolio.co/.

Semana, https://www.semana.com/.

Café de Colombia, https://www.cafedecolombia.com/.

Coffee Media, https://www.yoamoelcafedecolombia.com/2019/11/15/en-diciembre-empezara-el-trans-porte-decafe-por-el-rio-magdalena/.

Hacienda La Minita, https://www.laminita.com/.

IRD Multimédia, https://multimedia.ird.fr/.

KunDe Coffee Platform, https://www.kundecoffee.com/.

Revista Gente de Cavecera, https://www.gentedecabecera.com/2011/07/siguen-pintados-los-bustos/.

Tripadvisor, https://www.tripadvisor.com/LocationPhotoDirectLink-g297478-i442182586-Medellin_Antioquia_Department.html.

University of Reading, https://www.reading.ac.uk/.

Yaxa, https://colombia.yaxa.co/products/juan-valdez-mujeres-cafe-100-colombiano-equilibrado-998oz-99-onzas-cafe-juan-valdez-mujeres-cafeteras/.

부엔비비르 총서 03

커피의 생태 경제학

1판 1쇄 발행 2023년 10월 20일

지은이 조구호, 추종연

디자인 김서이
펴낸이 조영남
펴낸곳 알렙

출판등록 2009년 11월 19일 제313-2010-132호
주소 경기도 고양시 일산서구 중앙로 1455 대우시티프라자 715호
전자우편 alephbook@naver.com
전화 031-913-2018 **팩스** 02-913-2019

ISBN 979-11-89333-67-6 93950

이 책은 2019년 대한민국 교육부와 한국연구재단의 지원을 받아 연구되었음
(NRF-2019S1A6A3A02058027).